실패하지 않는
내집 짓기

전문가들이 콕 집어주는
'10년 늙지 않기' 노하우

실패하지 않는 내 집 짓기

유현준, 조성익, 김양길, 윤재선, 심영규 지음

garmSSI

여는 글

 "어떤 건축가를 어떻게 만나야 할까요?"

최근에 자주 듣는 질문이다. 질문자의 사연도 가지각색이다. 인생 2막을 시작하려는 건축주, 낡은 공간의 인테리어를 바꾸려는 지인, 당장 건축을 시작하지 않지만 건축에 관심 있는 이들까지.

 좀 사그라들었지만, '전원주택', '타운하우스', '땅콩주택', '상가주택' 등 다양한 주거와 집 짓기에 대한 관심은 여전히 활발하다. 획일적인 아파트를 떠나 개성 있는 공간에 살고 싶은 인간 본연의 욕구이다. 서점에 나가도 '집 짓기 진실', '3평 집도 괜찮아', '1억으로 내 아파트 찾기', '반드시 알아야 할 101가지' 부류의 건축과 부동산에 대한 서적이 넘친다. 하물며 인터넷엔 또 어떠한가. 집 짓기와 건축과 관련된 몇 개의 키워드를 치면 그야말로 정보의 홍수다.

🏠 그런데 왜 집 짓기가 더 어려울까?

과거에는 정보가 부족했다면, 요즘은 너무 많아서 문제다. 어떤 게 믿을 만한 정보인지 알 수 없기 때문이다. 예전에는 동네에서 잘 아는 건축가 한 명, 목수 한 명을 찾아 집을 지었다. 지금은 인터넷과 책 등을 통해 더 쉽게 정보를 얻을 수 있지만, 그래서 오히려 더 혼란스럽다. 결국 믿을 수 있는 사람이 중요하다. 그리고 믿을 수 있는 사람을 만날 기회를 찾아야 한다.

집 짓기에서 가장 중요한 또 한 가지는 '지기지피(知己知彼)'다. 자기를 먼저 알아야 상대방도 알 수 있다. 주변에 건축가를 만나서 "어떤 건축주가 가장 힘드냐"고 물어보면 이구동성으로 "자기가 뭘 원하는지 모르는 사람"이라고 한다. 이들은 기본적인 공부나 조사가 안 된 상태이거나 혹은 잘못된 방법으로 정보를 얻은 탓에 자기의 취향이나 원하는 걸 정확하게 알지 못하고 덜컥 건축가부터 만난다. 당연히 건축가에게 제대로 요구할 수도 없다. 이들은 쉽게 다른 사람의 말에 흔들리고 결정을 뒤집는다. 당연히 예산을 벗어나고 결과적으로 좋은 집을 지을 수 없다.

 실패하지 않는 여행

그래서 조선일보 건축주 대학을 기획했다. 예비 건축주에게 부동산부터 건축, 인테리어에 이르기까지 올바른 정보를 제공하고, 좋은 건축주가 되기 위해 갖춰야 할 필수 조건을 습득하며, 좋은 땅과 건축가 그리고 시공사를 만날 기회를 제공하는 학교이자 네트워크 모임이다.

2017년 9월 개강한 1기 수업은 그야말로 뜨거웠다. 모집 이틀 만에 정원을 넘어 조기 마감했고 46명의 수강생은 높은 참석률을 보였다. 이렇게 수업에 대한 만족도가 높은 이유는 검증된 건축가와 시공사, 전문가들이 기획부터 설계, 계약, 견적, 자재구매, 시공, 인테리어까지 건축 공사의 다양한 단계에서 실무적인 정보를 주었기 때문이다.

  이 프로그램을 통해 고달프고 힘든 집 짓기가 미지의 세계로 떠나는 두근거리는 여행이 되었으면 한다. 이 짧은 수업을 통해 모든 정보를 알 수 없고, 집을 꼭 잘 짓는다는 보장도 없다. 하지만 최소한 실패하지 않는 조건을 배워갈 기회가 될 것이다.

  이 책이 「론리 플래닛(Lonely Planet)」같이 미지의 세계를 안내하는 책자와 나침반이 되길 바란다.

프로젝트데이
심영규

차례

1장 실패하지 않는 내 집 짓기 여행 심영규 건축 PD

- 017 당신은 어떤 건축주입니까?
- 020 실패하는 건축주
- 024 실패하지 않는 건축주의 조건, 첫 번째
- 026 실패하지 않는 건축주의 조건, 두 번째
- 028 실패하지 않는 건축주의 조건, 세 번째
- 030 실패하지 않는 건축주의 조건, 네 번째

2장 나와 내 가족의 집이 완성되기까지 이형주 CF 감독

- 037 "인생은 연말정산이 아니다"
- 040 똑똑한 건축주와 그렇지 않은 건축주
- 047 계획대로 되면 재미없지
- 051 전문가의 도움
- 055 나와 나의 가족을 솔직하게 보여주자
- 060 내가 꿈꾸는 생활은 어떤 모습일까?
- 062 집을 짓기 전에: 문제를 대하는 태도와 주변 사람에 대한 배려

3장 집 짓기의 출발, 대지와 프로그램 유현준 교수

- 070 건축의 첫 단추, 사이트
- 074 대지의 특성과 법규 이해하기
- 080 용어 정리
- 082 각 공간의 용도 정하기
- 085 주택 내 각 공간의 용도 정하기
- 094 한옥 3.0: 한옥의 새로운 변화
- 101 쌍달리 하우스: 대지에 대한 고려가 중요한 이유
- 114 좁아 보이는 공간, 넓어 보이는 공간
- 115 시퀀스가 있는 공간
- 119 실패하지 않는 내 집 짓기를 위한 Check List

4장 공사의 과정과 비용, 적산과 견적 꼼꼼히 따져보기
김양길 대표

- 125 공사의 A to Z: 첫 삽을 뜨는 것부터 입주까지
- 127 공사의 A to Z: 공사 비용의 구성
- 131 공사의 A to Z: 공정별 진행 과정

- 146 시공사와의 계약 꼼꼼히 따져보는 방법
- 147 싸고 좋은 건 없다: 적산과 견적
- 153 싸고 좋은 건 없다: 다시 한 번 꼼꼼히
- 156 계약 과정 이해하기: 필요 계약서와 계약서 작성하기
- 162 기성금과 기성금 지급 방식
- **167 실패하지 않는 내 집 짓기를 위한 Check List**

5장 건축 재료에 대한 이해 윤재선 건축가

- 173 재료에 관심을 갖게 된 계기
- 178 재료의 발견과 발전
- 184 재료는 실제로 어떻게 쓰일까?
- 191 내가 원하는 집, 내가 필요로 하는 공간은 무엇일까?
- 195 건축과 디자인 밸류
- 198 단순하지만 힘이 느껴지는 건축
- 206 '중간기술'을 향하여
- 210 결국에는 사람의 일
- **212 실패하지 않는 내 집 짓기를 위한 Check List**

6장 우리 가족을 위한 집꾸밈 조성익 교수

- 216 공포의 한국식 인테리어
- 218 호텔 같아, 카페 같아
- 219 좋은 공간을 생각할 때 우리가 떠올리는 것들
- 223 임스 부부를 소개합니다
- 225 집꾸밈에 앞서 해야 할 일
- 227 나만을 위한 공간 만들기
- 230 무용의 집, 무용의 공간
- 237 여지가 있는 공간을 만들자
- 241 단독주택이 가진 진정한 특권을 발견하라
- 246 공간을 구성하는 요소: 조명
- 253 공간을 구성하는 요소: 창문
- 256 이지 하우스와 사당 소행성 살펴보기
- 265 실패하지 않는 내 집 짓기를 위한 Check List

1장

실패하지 않는 내 집 짓기 여행

심영규 건축 PD

건축의 정의에 대해서 한번 알아볼 필요가 있습니다.
건축은 기본적으로 '셸터(shelter)'입니다.
대피소 혹은 피난처이자,
우리가 시간과 돈과 노력을 들여서
만들어야 하는 것이죠.
건축의 정의에도 그저 얻어지는 게 아니라고
쓰여 있습니다. 시간과 돈과 노력을 들여야
얻을 수 있는 것이라고 되어 있습니다.

　우리는 '건축' 하면 보통 멋진 건축물을 떠올립니다. 요즘에는 인터넷이 발달해 좋은 공간과 건축을 쉽게 접할 수 있죠. 우리가 생각하는 건축은 다음 페이지에 실린 사진과 같은 모습이 아닐까 생각합니다. 이 건물은 프랭크 게리(Frank Owen Gehry)라는 건축가가 설계한 월트 디즈니 콘서트 홀(Walt Disney Concert Hall)입니다. 기본적으로 철로 되어 있습니다. 철을 이용해 마치 활짝 핀 꽃 같은 모양을 연출했는데요. 날아가는 듯한 아름다운 건물을 금속으로 어떻게 지었을까, 새삼 놀랍습니다.

　다음 건물은 1200년대에 지어진 피렌체 대성당(Duomo di Firenze)입니다. 두오모 성당이라고도 불리죠. 두오모는 이탈리아어로 '돔'이라는 뜻입니다. 돔은 벽돌로 지어졌습니다. 옛날에도 벽돌로 크고 웅장한 건물을 지은 것을 확인할 수 있습니다.

여러분이 생각하는 건축은 이런 게 아닐까 싶습니다. 전 세계에서 손꼽히는 랜드마크이자, 여행지에서 마주친 한눈에 담을 수 없을 정도로 아름다운 건축물 말입니다.

그럼 주택을 생각해보면 어떨까요. 혹시 이런 모습일까요. 수영장이 있고, 정원이 있고, 으리으리한 집. 누구나 한 번쯤 꿈꾸는 '드림 하우스'죠. 넓고 화려하고 웅장한 집에서 생활하면 어떨까 상상해봤을 겁니다. 욕심을 좀 버린다면, 작고 깔끔한 단독주택을 떠올리기도 할 것 같습니다. 규모는 크지 않지만 기능이 잘 갖춰져 있고 형태와 조화를 이루는 집 말이죠. 하지만 우리의 주거 현실은 대

월트 디즈니 콘서트 홀과 피렌체 대성당.

고급 맨션과 한국의 다세대주택.

개 다닥다닥 붙어 있는 정신 사나운 다세대주택이나 천편일률적이고 무미건조한 아파트입니다.

당신은 어떤 건축주입니까?

건축의 정의에 대해서 한번 알아볼 필요가 있습니다. 건축은 기본적으로 '셸터(shelter)'입니다. 대피소 혹은 피난처이자, 우리가 시간과 돈과 노력을 들여서 만들어야 하는 것이죠. 건축의 정의에도 그저 얻어지는 게 아니라고 쓰여 있습니다. 시간과 돈과 노력을 들여야 얻을 수 있는 것이라고 되어 있습니다. 또 다른 정의를 한번 볼까요. 건축은 굉장히 복잡하죠. 피난처이지만 동시에, 건축주가 원하는 것을 만족시키는 범위 안에서 주택, 상업 공간, 공공 공간을 디자인하는 일입니다. 건축가는 건설 기술자를 섭외하고 건축재료를 고민하면서, 계약자와 행정가와 함께 건물을 만드는 사람이라고 되어 있습니다.

렌조 피아노(Renzo Piano)라는 프랑스의 유명 건축가가 있습니다. 파리의 퐁피두센터와 광화문의 KT 사옥을 설계했는데요. 이런 말을 했습니다. "보기 싫은 책은 덮어둘 수 있고, 듣기 싫은 음악은 피할 수 있지만, 당신 집 앞의 보기 싫은 건물은 치울 수가 없다." 책이나 음악과 달리 건축은 자기가 싫다고 해서 덮어둘 수 없습니다. 짧게는 10년, 길게는 50~100년 동안 그 자리에 서 있는 건물을 매일매일 봐야 하죠.

여러분이 집을 짓는다면 어떤 집을 그려볼 수 있을까요. 내가 지은 집에서 앞으로 10년, 30년 이상 살아가야 한다면 함부로 지어서는 안 되겠죠. 하지만 우리 현실의 집은 앞서 본 사진과 비슷합니다. 늘 봐왔듯이, 오밀조밀한 골목에 다세대주택이 빽빽이 들어서 있죠. 싫다고 치울 수 없습니다.

그렇다면 이런 질문이 필요할 것 같아요. 여러분은 어떤 건축주인가요? 판교는 단독주택이 많은 대표적 지역 중 하나인데요. 인터넷 카페가 하나 있습니다. '판교단독주택 입주자 모임'이라는 커뮤니티인데 2007년도에 개설되었습니다. 굉장히 특이합니다. 회원 가입 조건이 판교에 땅이 있는 사람, 그리고 집을 지을 수 있는 사람입니다.

저는 판교에 땅이 없어서 가입을 못했지만 판교에 땅을 갖고 있는 지인에게 부탁해서 카페를 좀 둘러봤어요. 여기 보면 건축가들을 등급으로 나눠놨습니다. A등급, B등급, C등급, 이렇게요. 이 사람은 평당 얼마, 이런 식으로요. 건축주들이 정보가 부족하니까 이런 식으로 자기들끼리 카페를 만들어서 정보를 모으고 정리를 한 거죠. 어떤 건축가가 정말 좋았다, 어떤 시공사는 하자가 많았다, 이런 정보들 말입니다.

또 집 짓기 학교도 있습니다. 여러분 모두 아마 한 번쯤 들어봤을 것 같아요. 그만큼 집, 건축과 관련한 정보가 많습니다. 정보의 홍수죠. 과거에는 정보가 부족했다면, 요즘은 너무 많아서 문제입니다. 예를 들어 인터넷에 목조 주택, 집 짓기 이렇게 검색하면 수십만 개의 콘텐츠가 나옵니다. 어떤 게 믿을 만한 정보인지 알 수가 없죠. 예전에는 동네에 친한 건축가 한 명, 목수 한 명을 찾은 다음 물어 물어서 집을 지었다면, 지금은 인터넷에 많은 정보가 있지만 그래서 오히려 혼란이 생기기도 하죠.

 실패하는 건축주

제가 갑자기 출장으로 다음 달에 아프리카 나미비아를 간다고 해 볼게요. 한 방송 프로그램에서도 소개되어서 많은 사람이 알게 되었지만, 그럼에도 여전히 생소한 나라입니다. 저는 이 건축 수업이 「론리 플래닛(Lonely Planet)」 같은 여행서가 되기를 바랍니다. 사실 이 수업을 듣는다고 해서 모든 정보를 알 수 없고, 집을 꼭 잘 짓는다는 보장도 없습니다. 어떤 분은 전화로 문의를 했어요. 이 수업을 들으면 집을 잘 지을 수 있느냐고요. 제가 아니라고 했어요. 이 수업으로 집을 잘 지을 수 있다고 얘기할 수는 없을 것 같아요. 하지만 최소한 실패하지 않는 조건을 배워가는 자리가 될 수는 있을 겁니다.

실패하지 않으려면 어떻게 해야 할까요? 어떤 사람이 실패하는지 먼저 볼 필요가 있을 것 같아요.

실패한 건축주의 첫 번째 유형, '내가 뭘 원하는지를 모른다'입니다. 이 사례는 실제로 들은 얘기입니다. 처음 목적은 가족들이 가끔 와서 놀 수 있는 별장, 부모님이 노년을 보낼 수 있는 곳을 만드는 것이었습니다. 그런데 설계를 하다 보니까 화장실이 7개가 되었습니다. 부모님이 화장실이 따로 필요하다고 해서 일단 화장실을 설계했습니다. 그런데 게스트룸에도 화장실이 필요할 것 같으니 또 늘었죠. 그리고 나중에 집을 다 짓고 난 다음에 또 요구가 생겼어요. 펜션으로 운영도 하고 싶고, 카페로도 쓰고 싶고, 이런 걸 다 하다 보니까 화장실이 7개가 된 거예요. 어떤 게 정말로 필요한 공간이고 어떤 게 덜 필요한 공간인지 생각하지 않고, '이런 거도 좋을 거 같고' 하면서 다 넣다보면 과한 건물이 탄생하게 됩니다.

두 번째 유형은 '정리되지 않는 타입'입니다. 한 건축주는 여행을 좋아해서 10년 가까이 전국을 다니면서 좋다는 펜션을 직접 보고 사진을 찍었어요. 그런데 맥락이 없다는 게 문제였어요. 그냥 자기가 봤을 때 예쁘고, 좋은 사진을 다 찍어서 보낸 거죠. 그게 정리가 안 되는 겁니다. 어떤 기준과 전략 없이 자기가 보고 경험한 것만 정답인 것처럼 하다 보니 설계 과정에서부터 계속해서 틀어지는 거예요. 경험은 많지만 그걸 구체화해서 정리하는 능력은 없었던 것 같아요.

"진료는 의사에게, 약은 약사에게." 이런 말 많이 하죠. 건축도 마찬가지입니다. 상업시설에 대한 운영 노하우는 사실 경험과 공부 없이는 알기 힘듭니다. 그렇기 때문에 전문적으로 운영하는 사람에게 맡기거나 조언을 구해야 하죠. 그렇지 않으면 많은 시행착오를 겪을 수밖에 없습니다. 그리고 그 사이 불필요한 노력과 시간과 돈이 쓰이죠.

"전원주택에 살면 힘들다." 이 얘기는 한 번쯤 들어봤을 겁니다. 예전에 화제가 되었던 블로그에서 나온 얘기인데요. 교외의 대지 1,000평에 80평짜리 집을 지었대요. 처음에는 너무 좋았답니다. 하지만 한 1년 살고 나서 지금은 살지 않는다고 고백했습니다. 잔디가 있는데, 자기는 하루 종일 잔디만 깎는대요. 마당이 너무 넓어서요. 그리고 아내는 그 큰 집을 왔다 갔다 하면서 관절염이 생겼대요. 그리고 주변에 텃밭을 만들어서 채소를 키웠다고 합니다. 그런데 두 명이 먹기에는 너무 많아서 부지런히 지인에게 나눠줬더니 채소를 키워서 얻는 돈보다 나눠주고 옮기고 하는 데 쓰인 기름값이 더 들었다고 합니다. 난방비와 냉방비도 문제죠. 방이 다섯 개인데, 기름값이 50만 원이 나오고요. 또 연못을 만들었는데 연못 청소를 매달 해야 해서 너무 힘들다고 했습니다. 그래서 지금은 살지 않는다는 거죠.

여기서 얻을 수 있는 교훈은, 집과 집에서의 생활을 장기적으로 봐야 한다는 겁니다. 우리가 한번 지어놓으면 투자형 부동산이 아닌 한 20년 이상 살아야 하죠. 그런데 막연하게 '그래, 주말쯤에는 아이들이 오겠지', '게스트룸도 있어야 하고', '마당은 넓고 연못도 있어야 하겠지' 이런 식으로 처음에 계획을 합니다. 그런데 실상은 자녀들은 1년에 한두 번 올까 말까죠. 자기가 정확히 무엇이 필요하고, 장기적으로 어떻게 사용하고 유지할지를 고민해야 하는데 그런 부분에 대한 고민이 부족합니다.

전원주택.

실패하지 않는 건축주의 조건, 첫 번째

그럼 실패하지 않는 건축주의 모습은 어떨까요? 실패한 건축주의 사례에서 반면교사(反面敎師)의 교훈을 얻을 수 있을 것 같습니다. 첫 번째는 '지기지피(知己知彼)'입니다. 건축주들은 대부분 내가 원하는 집이 무엇인지에 대한 분명한 생각 없이 건축가를 먼저 찾아갑니다. 본인은 자기가 원하는 집에 대해 명확한 상이 있다고 생각하는데, 막상 건축가가 "어떤 집에서 살고 싶으세요?"라고 물으면 대략의 면적이나 방 몇 개, 이런 식으로 대답이 두루뭉술합니다. 사실 그러면 좋은 집을 지을 수 없습니다. 내가 뭘 원하는지 모르기 때문입니다. 내가 모르는 걸 상대방에게 전달할 수 없는 건 당연한 얘기겠죠.

두 번째는 '작학관보(雀學鸛步)'입니다. 참새가 황새의 걸음을 배운다는 뜻의 사자성어인데요. 사실 주택이라는 게 그렇게 넓을 필요는 없습니다. 100평, 200평 될 필요가 없거든요. 살아가는 데 기본적으로 필요한 방, 복도, 현관, 주방 같은 공간이 넓다고 반드시 좋은 건 아니잖아요. 그런데 크기에 집착하는 경우가 많습니다. 아마 아파트 때문에 그런 것 같아요. 평수에 민감하죠.

가령 19평이라고 하면 되게 좁다고 생각하잖아요. 그런데 공간은 단순히 평수로 계산할 수 없습니다. 좁은 대지, 좁은 공간을 어떻게 활용해서 쓰느냐가 중요하지, 36평짜리 집이 18평짜리 집보다 두 배로 넓고 좋은 공간이라고 할 수 없습니다. 제가 가봤던 집을 보면 도저히 19평이라고 믿어지지 않을 만큼 멋있고 좋은 공간이 많았습니다. 면적만을 가지고 환산하는 건 옳지 않다고 생각합니다. 어떤 디자인이냐, 어떤 설계냐가 중요합니다.

세 번째는 '백문불여일견(百聞不如一見)'입니다. 자신이 직접 가서 보고 느껴보는 것만큼 좋은 수업은 없습니다. 직접 공간에 가서 눈으로 보고, 손으로 만져보고, 숙소라면 직접 자보는 것만큼 도움이 되는 건 없다고 생각합니다.

네 번째는 '집은 집이다'라는 얘기입니다. 간혹 집을 사무실 같은 다른 공간으로 오해하시는 사람도 있는 것 같아요. 집에서 가장 중요한 건 뭘까요? 편히 쉬는 것입니다. 집에서는 편히 쉴 수 있는 공간이 제일 중요합니다. 디자인이 멋있고 외관이 화려해서 지나가는 사람이 부러워하는 집, 그런 집이 과연 좋은 집일까요? 물론 그러면 좋겠지만, 우리 가족이 편히 쉴 수 있는 공간이 우선순위가 되어야 하죠. 비싼 돈으로 아무리 멋있게 지어도 물이 새거나 겨울엔 춥고 여름엔 더우면 아무 의미 없는 거죠. 사무 공간이나 상업 공간은 그 안에서 우리가 잠을 자지 않기 때문에 단가도 저렴하고 단열로부터도 어느 정도 자유롭습니다. 하지만 한국처럼 여름과 겨울의 온도 차이가 큰 환경에서의 집은 단열과 방수가 무척 중요합니다. 그런데도 기본보다 다른 부분에 신경을 쓰는 경우가 많아요. 집에 대한 올바른 접근이 아니라고 생각합니다.

실패하지 않는 건축주의 조건, 두 번째

시공과 관련한 부분은 많은 건축주가 걱정하고 어려워합니다. 시공사가 내놓는 견적을 의심하거나 믿지 못하겠다고 생각하는 경우가 많죠. 꼼꼼하게 따져볼 수밖에 없죠. 그리고 많은 대화와 협의가 오가야 하고요.

그런데 시공사와 일대일로, 건축가와 일대일로 대화하는 게 쉬운 일만은 아닙니다. 사용하는 언어가 다르고, 생각하고 있는 개념이 다르기 때문이죠. 건축주가 모든 걸 다 배워서 직접 하기가 쉽지 않습니다. 그렇기에 중간에서, 시공사와 건축가 사이에서 대화를 이끌고 조율해줄 수 있는 중재자가 중요합니다.

비슷한 얘기인데요. 대부분의 건축가는 자기가 같이 일하는 파트너 시공사가 있습니다. 오랫동안 함께 일하며 신뢰를 쌓은 사이죠. 설계를 잘해놨는데, 건축주가 욕심이 생겼나봅니다. 시공에 돈을 좀 적게 들이고 싶었던 거죠. 건축가가 데리고 온 시공사가 있었는데, 그 시공사를 못 믿겠다고 했습니다. 그 이후에 지방의 시공사 몇 곳에 입찰을 받았습니다. 그중에 한 곳을 선정해서 시공을 했는데요. 아마 제일 낮은 가격을 제시한 시공사와 진행을 했을 겁니다.

그런데 과연 그게 정말 싸다고 말할 수 있을까요? 건축주는 현장에 계속 있으면서 이 자재가 무엇인지, 이 시공법이 무엇인지 일일이 다 파악할 수 없습니다. 시공사가 더 안 좋은 재료를 썼는지 알 길이 없죠.

흔히 시공사랑 계약할 때 시중 가격보다 오천만 원 적은 비용으로 계약하면 돈 벌었다고 생각하잖아요. 그런데 그게 진짜로 돈을 번 것인지 따져봐야 합니다. '싼 게 비지떡'일 가능성이 있습니다. 시공사도 회사이다 보니까 이익을 남기려고 하죠. 어디서든 이익을 찾아갑니다. 가격이 싸다고 좋은 게 아닙니다. 그럼에도 많은 건축주가 실수하는 부분이죠.

그리고 처음에 시공사와 미팅을 하면, "이거 되나요?"라고 물으면 무조건 "됩니다, 다 됩니다"라고 합니다. 저는 이것도 믿지 못할 말이라고 생각합니다. 다 된다는 건 없죠. 새로운 공법, 새로운 재료를 시도하기 위해서는 많은 실험이 쌓여야 합니다. 대부분의 시공사는 자신들이 해왔던 방식을 쓰려고 합니다. 새로운 것에 대한 도전을 꺼립니다. 따라서 다 된다고 말하는 시공사의 말도 의심을 해볼 필요가 있습니다. 건축가도 마찬가지죠. 이건 이러해서 어렵고, 저건 현실적으로 어렵거나 비용이 많이 든다는 식으로 솔직히 말하는 사람이 믿을 만한 사람이라고 생각합니다.

그리고 제일 중요한 건 파트너입니다. 어쨌든 건축을 한번 하려면 건축가와 시공사와 건축주, 이 셋만 가지고 안 되잖아요. 건축은 혼자 할 수 없죠. 수십, 수백 명이 참여해야 하는 일입니다. 그렇기 때문에 나와 오래 함께 할 수 있는 사람이 누구인지, 같이 갈 수 있는 건 어떤 경우인지 면밀히 고려해야 합니다.

실패하지 않는 건축주의 조건, 세 번째

전체 공정, 예산, 기간, 상황, 법규에 대한 파악은 기본 중의 기본입니다. 이에 대한 파악이 안 되면 제대로 진행이 안 되죠. 집 짓기는 땅을 사는 일부터 시작하잖아요. 그다음부터 본격적으로 건축이 진행되죠. 기초 공사, 골조 공사부터 시작되죠. 이러한 과정에 대한 이해가 필요합니다.

두 번째는 예산 관련 부분입니다. 가장 중요한 건 아무래도 예산 문제가 아닐까 싶은데요. 비용은 두 가지 차원으로 나뉩니다.

'돈'과 '시간'입니다. 대부분 돈과 관련해서는 계획을 철두철미하게 짭니다. 그런데 공사 기간에 대한 계획을 잘못 잡는 경우가 많습니다. 설계부터 시작해서 시공을 마치고 허가까지 완료하는 데에는 못해도 1년은 걸립니다. 그것도 최소한으로 잡았을 때요. 이런 부분에 대한 고려가 필요합니다. 설계는 한 달이면 끝나고, 시공은 몇 달이면 끝날 거라 기대하는데요. 집을 하나 지으려면 수백 가지 공정과 재료가 들어갑니다. 그중 하나만 잘못되어도 기간이 늘어납니다. 따라서 늘 예상보다 오래 걸린다고 봐야 합니다.

이 얘기는 예산을 많이 잡으라는 뜻이 아닙니다. 공사 기간이 늘어날 경우를 대비해서 방어책을 만들어놓아야 한다는 거죠. 5억으로 1년 이내에 집을 짓겠다고 시작을 하되, 그게 1년 6개월로 늘어나는 상황을 대비해야 한다는 거죠.

다음은 전체 상황에 대한 파악입니다. 먼저 집을 지어본 사람에게 미리 하자와 문제가 생겼을 때의 대처 요령을 들어보면 좋습니다. 사실 건축주가 놓치는 부분, 실수하는 부분은 비슷합니다. 이에 대해 미리 숙지하는 게 필요합니다. 당연히 건축 법규에 대해서도 알고 있어야 하고요.

추가로 비용이 어떻게 구성되는지 알고 있을 필요가 있는데요. 물론 절대치는 아닙니다. 일단 설계와 감리에 드는 비용이 전체 비용의 10% 정도가 됩니다. 그런데 대부분 이렇게 생각하지 않죠. 싸면 쌀수록 좋다고 여깁니다. 건축가 A한테 갔는데 4천만 원, 건축가 B에 갔는데 2천만 원이라고 하면 B를 택하죠. 그런데 공사가 끝나고 집이 나왔을 때 과연 B가 더 싼 거였는지 알 수 없습니다.

애초에 예산 안에서 각각의 비중을 정하는 게 필요합니다. 각각의 비중을 정한 다음에 그 돈을 제대로 지출하는 것을 목표로 해야 합니다. 방금 얘기한 대로 한 시공사한테 발주하여 시중가보다 10% 싸게 공사했다고 해봅시다. 그럼 시공사가 과연 나를 위해서 전체 비용의 10%에 해당하는 돈을 손해를 볼까요? 절대로 안 그렇죠. 시공사 나름의 노하우로 다른 데서 이윤을 남기고자 하겠죠.

실패하지 않는 건축주의 조건, 네 번째

비용에 관해서는 아낄 때 아끼고 쓸 때 쓰는 태도가 필요하다고 생각합니다. 흔히들 하는 실수인데요. 눈에 보이지 않는 비용을 쓰는 데 굉장히 인색합니다. 대표적으로 설계 비용이죠. 예를 들어 시공 비용, 인테리어 비용, 가구 비용에는 관대한 반면에 설계에 대해서 지불하는 돈은 아까워하죠. 눈에 보이지 않기 때문입니다. 그런데 좋은 설계의 가치는 설계 비용 이상일 수도 있거든요. 건축가의 능력 여하에 따라서 뒤에 따라오는 시공 비용이 달라질 수 있습니다. 그리고 10%의 설계비에서 조금 아끼는 것보다 90%의 공사비에서 아끼는 게 훨씬 이익이죠. 설계 비용에 대해서 인색하기보다는 이에 대해 합당하게 투자하는 게 좋습니다.

그리고 집에서 가장 오래가는 부분에 대한 투자가 필요합니다. 우리는 보통 인테리어에 투자를 많이 하죠. 가구, 가전, 마감 등에 대해서요. 그런데 사실 그런 부분은 유행이 빨리 바뀝니다. 가변적이고요. 반면 창호, 기초, 골조는 나중에 절대 못 바꿉니다. 다시 짓지 않고선 말이죠. 싫든 좋든 집을 새로 짓지 않는 한 계속 써야 하는 거죠. 눈에 보이지 않지만 오래가는 부분에 대한 많은 투자가 이루어져야 합니다. 사실 가구, 가전은 그때그때 하나씩 사면 됩니다.

다음으로, '광고'와 '정보'를 구분해야 합니다. 인터넷만 켜면 정보가 쏟아지죠. 너무 많아서 문제입니다. 어떤 게 맞고 어떤 게 틀린지 구분이 안 되죠. 물론 어려운 일이지만 그중에서 판별하는 눈이 필요합니다.

결국에는 안목의 문제라고 생각합니다. 안목에는 경험과 지식과 지혜가 포함되죠. 이 말은 한순간에 쌓이지 않지만 꾸준히 쌓는다면 키울 수 있다는 말이기도 합니다. 공부와 경험이 병행되어야 하겠죠.

안목은 어떻게 보면 취향과도 연결됩니다. 사람들은 옷과 음식에 대한 취향은 어느 정도 갖고 있습니다. 어떤 옷을 좋아하고, 어떤 음식을 좋아하는지 대부분 취향이 있죠. 반면 주택에 대한 취향은 없거나 있더라도 모호한 경우가 대부분입니다.

    개인적으로 취향은 여행을 하면서 제일 분명하게 발견할 수 있다고 생각합니다. 좋은 곳에 가서 좋은 건물을 보는 거죠. 그 과정에서 내가 좋아하는 것이 무엇이고, 내가 원하는 것이 무엇인지 알 수 있습니다.

2장

나와 내 가족의 집이 완성 되기까지

이형주 CF 감독

저도 집을 짓기 전에 좋은 클라이언트가 되자고
마음을 먹었습니다.
제가 겪었던 많은 클라이언트 중에는
'이 사람하고 일할 때는 정말 즐거웠다' 하고
생각하게 되는 분도 있었고 반면,
정말 힘들게 끌고 와서 일이 마무리된 클라이언트도
있었습니다. 저는 건축가에게 최종적으로는
좋은 클라이언트이자 건축주가 되면 좋겠다고
생각했던 거죠.

저는 광고 만드는 일을 하고 있는데요. 집을 짓는 일은 지금 제가 하고 있는 일과 비슷하다고 생각합니다. 여기 오신 분들의 직업은 다양하겠지만, 사실 건축이라는 게 모든 직업과 본질적으로 별반 다르지 않다는 생각으로 접근하면 이해하기 쉽고 유리한 점이 많습니다.

건축가가 건축주를 상대하고 건축주의 요구에 따라 설계를 하듯, 저 또한 광고 클라이언트를 상대하고 그들이 원하는 광고를 만듭니다. 클라이언트가 광고를 만들어 달라고 저한테 요청하면 저는 끊임없이 그에 대한 아이디어를 짭니다. 광고 클라이언트 중에는 제가 봐도 정말 똑똑하고 이렇게 일하기가 쉬울 수 있나 싶을 정도로 명확하게 요청을 하는 사람이 있는 반면, 애매모호하고 뜬구

름 잡는 요청을 하는 사람도 있습니다.

대략 이런 식입니다. 제가 먼저 어떤 광고를 원하는지 묻습니다. 그럼 돌아오는 대답은 "재미있게"입니다. 그럼 재미있는 게 어떤 광고인지 생각을 하게 되죠. 그럼 모델은 어떤 모델을 생각하는지 묻습니다. 요즘 인기 있는 연예인이면 좋겠다는 대답이 옵니다. 배우 장동건을 얘기하는 분도 있습니다. 이제 제가 예산을 물어보겠죠. 장동건 씨 같은 경우는 모델료로 따지면 1년에 4, 5억 원 정도는 줘야 하거든요. 그런데 예산은 2억 원 정도라고 합니다. 이렇게 타협할 수 없는 요구를 하는 클라이언트도 있습니다.

저도 집을 짓기 전에 좋은 클라이언트가 되자고 마음을 먹었습니다. 제가 겪었던 많은 클라이언트 중에는 '이 사람하고 일할 때는 정말 즐거웠다' 하고 생각하게 되는 분도 있었고 반면, 정말 힘들게 끌고 와서 일이 마무리된 클라이언트도 있었습니다. 저는 건축가에게 최종적으로는 좋은 클라이언트이자 건축주가 되면 좋겠다고 생각했던 거죠.

오늘 이 시간에는 제가 먼저 집을 지어본 건축주로서, 건축가와 어떻게 커뮤니케이션을 했고 진행 중에 어떤 어려움이 있었으며 무엇을 유의해야 하는지 말씀드릴 수 있을 것 같습니다. 각각의 상황마다 제가 하고 있는 일과 비슷한 부분이 많기 때문에, 그것과 관련지어 설명하겠습니다.

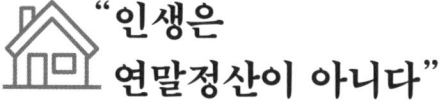"인생은 연말정산이 아니다"

어떻게 집을 짓게 되었느냐. 집을 짓게 되는 계기는 개인마다 사연이 있듯이, 저 역시도 하나의 큰 스토리가 있습니다. 제가 결혼을 서른아홉에 했습니다. 마포에 결혼하기 전부터 살던 아파트가 있어서 결혼 뒤에도 거기에서 살았습니다.

결혼한 지 1년 정도 지난 때였을 겁니다. 아내가 어느 날 묻는 거예요. "우리는 언제쯤 마당 있는 집에서 강아지 키우면서 살아?" 그래서 "돈 좀 벌고, 쉰 살 정도 되면 슬슬 한번 해볼까?" 이렇게 대답을 했죠. 그때 아내가 한 말이 지금도 제 남은 인생에서 중요한 화두가 되는데요. "연말정산처럼 살지 말고 중간중간에 정산을 하면 안 돼?" 이렇게 말하더라고요. 보통 미래를 위해서 뭔가 원하는 것을 참고 아끼고 절약하고 하고 싶은 것을 누르고 살잖아요. 그런데 속된 말로 내일 일도 모르는 상태인데, 우리가 너무 미래를 위해서 지금의 생활과 우리가 하고 싶은 것들을 유예하며 사는 게 아니냐는 얘기였습니다. 중간중간에 한 번씩 정산을 해줄 필요도 있지 않느냐는 거죠. 인생의 맨 끝에 가서 연말정산을 할 게 아니라.

그 말을 듣고 생각을 바꿨습니다. 그때 그 아파트를 팔면 평창동의 전셋집 가격하고 딱 맞았어요. 대지가 130평인 단독주택인데

마당도 50평 정도 되었고요. 집은 좀 오래되었지만 정갈하고 괜찮았습니다. 그 집에 전세로 이사를 가게 됩니다. 저희 부부의 단독주택 생활이 시작되죠. 그러면서 이제 아내가 바랐던 강아지도 입양을 하게 됩니다. 이때가 결혼한 지 3년 정도 됐을 때인데, 서로 합의하에 자녀 없이 반려동물과 지내기로 했습니다. 여러분 중에는 자녀가 계신 분도 있고 아닌 분도 있을 겁니다. 아무래도 자녀가 있으면 부모의 삶은 다른 형태로 바뀌게 되잖아요. 아이와 동등하게 놓을 수는 없겠지만, 반려동물이 생기면서 저 역시 삶의 형태에 많은 변화를 겪게 되었습니다.

처음에는 래브라도 리트리버 종의 개를 입양했습니다. 이듬해에 보도콜리라는 중형견을 입양했어요. 물론 단독주택의 불편한 점도 있었고 전셋집이지만, 마당 있는 집에서 저희가 원하는 삶을 경험해보게 된 거죠. 처음에는 반신반의하면서 단독주택 생활을 시작했는데, 저는 삶의 만족도가 굉장히 높았어요. 그전에 마포의 아파트는 주변의 소음도 심했고, 방에서 먼지를 닦으면 까만 먼지가 있었는데 거기는 먼지의 색깔이 좀 하얀 것 같기도 했습니다. 기분 탓인지 모르겠지만, 아침에도 굉장히 쾌적했고요. 어쨌든 무척 만족스러웠습니다.

그렇게 몇 년이 지나고 보다 적극적으로 저희의 집을 구상하게 됩니다. '자, 이제 그러면 우리만의 집을 한번 지어볼까?', '한번 살아보니까 전원주택 생활도 괜찮겠다', '둘이 감당할 만한 생활을 할 수 있겠다' 이런 생각을 하게 된 거죠. 그래서 저는 단독주택 혹은 전원주택에서의 생활을 고려하는 분이라면 전세 혹은 월세로 살아보기를 강력히 권합니다. 다행스럽게도 저희 부부는 단독주택의 생활이 잘 맞았지만 만약 자기 집을 지었는데 그 생활이 마음에 들지 않는다면 기회비용의 손실이 막대하니까요.

내 집을 마련하겠다고 결정한 후에는 다들 겪는 과정이겠지만, 집을 알아보러 다녔습니다. 강남을 기준으로 50km 반경으로요. 파주부터 양평, 양주, 용인, 곳곳을 한 1년 정도 돌아다녔습니다. 그런데 정보가 너무나 많으니까 도대체 뭘 어떻게 해야 할지 모르겠더라고요. 그 많은 선택지 중에 무엇을 고를지 판단하기가 어려웠습니다. 수많은 집과 땅을 보고, 너무 많은 이야기들을 듣고, 속된 말로는 "부동산 하는 사람들은 숨 쉬는 것 빼고는 다 거짓말이야. 믿지 마!" 이런 얘기를 듣다 보니 판단을 할 수 없는 지경에 다다른 거죠. 등잔 밑이 어둡다고, 그러다가 우연히 들른 부동산으로부터 평창동에 괜찮은 땅이 하나 있다는 소식을 접했습니다. 평창동은 200평에서 300평 정도 되는 큰 필지가 많아서 부담스럽다고 생각하고 있었는데 소개받은 땅은 103평 정도 되는 크기로 저희의 예산 범위 안에 들어오는 땅이었습니다.

똑똑한 건축주와
그렇지 않은 건축주

 땅은 마음에 들었는데 결정을 하기가 어려웠습니다. 내 재산 전부가 들어가는데 이걸 사야 하나 말아야 하나 고민을 많이 했습니다. 차라리 수익형 상가를 살까도 했습니다. 그 당시에 부암동이 뜨고 있었기 때문에, 거기에 있는 건물을 하나 사서 리모델링한 뒤 위에는 저희가 살고 아래는 상가로 하는 형태를 생각했죠. 그런 고민을 하고 있을 무렵 '삶것'이라는 건축사무소를 알게 됐습니다. 제가 운영하는 '생활의 발견'이라는 광고프로덕션 바로 옆에 있었어요.

 막 사무실을 오픈했을 때인데, 가까운 데 있으니까 지나가다 사무실에 들어가서 뭐 하는 곳이냐고 물어봤더니 리모델링도 하고 건축 설계도 하는 사무실이라고 하더라고요. 그 당시에 양수인 건축가는 출장 중이었고 직원만 있었습니다. 평창동 땅과 함께 고려하고 있었던 부암동 상가 건물 리모델링 건을 먼저 문의했습니다. 그 과정에서 저희가 미처 몰랐던 내용을 알게 됐는데요. 이를테면 리모델링의 가능 범위, 주차장의 확보 등 보다 현실적이고 중요한 문제들을 짚어주었습니다. 결국 상가 건물을 리모델링해서 수익형 부동산을 갖는 것은 여러 가지 사정상 접게 됐습니다. 전문가의 의견이 있으니 판단과 결정을 내리는 데 굉장히 도움이 되었습니다.

그러면서 처음에 봤던 평창동 땅을 사기로 했는데요. 이 과정에서도 건축가의 전문적인 도움을 많이 받았습니다. 여기서 하나의 팁은 땅을 구매하기 전부터 건축가와 상담을 받으라는 거예요. 땅에서부터 건축가가 조언을 해줄 수 있기 때문에 땅 구매 이전에 건축가에게 상담을 받으면 좋을 것 같습니다. 양수인 건축가는 땅에 대한 정보가 확실해야 한다며 토지조사를 먼저 권했습니다. 대지의 정확한 면적과 해당 지역의 건축 관련 법규 등을 같이 검토하면서 믿음이 생겨서 그와 일을 하기로 결정했습니다. 그 이유 중에는 전문가로서의 믿음도 당연히 있었지만 감성적인 이유도 있었습니다. 그 부분에 대해 간단히 말씀드리고 싶은데요.

저는 일단 회사의 이름이 굉장히 중요하다고 생각을 했어요. 저 역시 건축가를 고르는 과정에서 여러분과 마찬가지로, 많은 홈페이지를 보고, 책도 보고, 소개도 받고, 명함도 받았는데요. 무슨 건축, 무슨 디자인 이런 식의 이름이 되게 많잖아요. 삶것은 회사 이름에 건축이라는 얘기가 없습니다. 뭐 하는 곳인지 물어봐야 할 정도죠. 그래서 제 첫 질문이 왜 이름을 삶것으로 지었느냐는 것이었습니다. 물론 답은 대단하지 않았습니다. ○○건축, ○○디자인, 이런 식의 이름이 식상했고, 집이라는 것이 삶의 모든 것을 포함하는 것이기 때문에 그러한 이름을 지었다고 했습니다.

제가 일하는 회사의 이름을 '생활의 발견'이라고 지은 것도 비숱한 이유에서였습니다. 여러분이 매일 보는 텔레비전 광고가 멀리 우주에서 온 게 아니라 나와 아내와의 얘기, 엄마와 딸의 얘기, 이런 데서 온 거죠. 그렇게 우리 생활 속에 있는 이야기들의 조각을 잘 끄집어내면 그게 사람들한테 파문이 이는 거라고 생각을 했습니다. 그래서 '이 사람이랑 일을 하면 코드가 좀 맞겠다' 싶었습니다.

그리고 집에 가서 아내에게 건축 설계를 삶것에게 맡겼으면 좋겠다고 말했습니다. 그러니까 아내가 삶것이 어떤 집을 지었느냐고 물어보더라고요. 그렇게 물어보는데 제가 답을 할 수 없었습니다. 그 당시에 양수인 건축가는 미국 유학을 마치고 막 돌아온 때였거든요. 집을 딱 한 채 지어본 게 전부였습니다. 아내는 집을 한 채 밖에 안 한 사람을 우리가 뭘 믿고 일을 맡길 수 있겠느냐며 걱정했습니다. 어떻게 보면 너무나도 당연한 반응이기도 합니다.

여기서 잠깐 제 얘기를 해보면요. 저도 제일기획이라는 광고대행사에서 PD로 일을 하다가 독립하고 감독으로서 처음 맡은 일이 있잖아요. 이제 감독으로 나오게 되었으니 클라이언트를 만나면 그쪽에서 포트폴리오 한번 가져와보라고 하지 않겠습니까. 광고 찍겠다고 명함은 만들었는데 한 번도 찍어본 적이 없는 거죠. 그럼에도 불구하고 저에게 첫 일을 준 사람이 있습니다. 제가 마음에 들었는지 어쨌는지 몰라도 여러 가지 이유로 저에게 첫 일을 주었습니다. 그 첫 일을 할 때의 제 마음가짐은 아무래도 남달랐죠. '이

거 진짜 잘 만들어야 되겠다', '그동안 배웠던 거 모든 걸 쏟아부어서 만들어야겠다', '이게 잘돼야 나의 광고 감독 생활이 잘될 것이다'라는 생각으로 했었어요. 그게 20년 전인데요. 지금보다는 좀 서툴렀지만, 굉장히 열심히 했던 것 같아요. 그리고 굉장히 튼튼한 광고를 만들었던 것 같아요.

이렇게 저를 돌이켜보고 이 건축가도 그런 마음으로 제 집을 설계할 거라고 생각했어요. 노련함은 부족하지만 참신함이 있을 것이고 경험은 부족하지만 열정은 차고 넘칠 것이라고요. 그리고 몇 번의 미팅을 거치고 난 뒤, 충분히 그럴 만한 사람이라는 확신을 했습니다. 그리고 현실적인 고려도 포함되어 있었습니다. 건축가도 포트폴리오가 필요한 상황이었고, 평창동이라는 동네에 집을 짓게 되면 여러 모로 그에게 도움이 될 테니 설계비도 조금 싸게 해주지 않을까 하는 생각도 있었죠. 어쨌든 그렇게 해서 삶것의 양수인 건축가와 2013년 7월에 설계용역 계약을 체결하고 설계를 맡기게 되죠.

저는 건축가를 고를 때 그의 포트폴리오를 보는 것도 중요하지만 건축가라는 사람 자체를 들여다보는 것이 더 중요하다고 생각해요. 집을 설계하고 짓는 동안 꽤 오랫동안 관계를 맺어야 하기 때문에 나와 코드가 맞는 사람인가, 나와 문제를 해결할 수 있는 성품의 사람인가 따져보는 게 저는 중요하다고 생각합니다.

건축가와는 참 많이 만났습니다. 그가 우리 집에 오기도 했고요. 같이 식사도 하면서 저희가 사는 삶을 솔직하게 다 보여주고 싶었어요. 우리가 이렇게 살고, 이렇게 짐이 많고, 개와 고양이가 있고, 우리 생활의 동선은 이렇고, 책과 CD가 어느 정도 양이고, 이런 거를 다 보여줘야 할 것 같았어요. 그래야 저희에 대해 더 이해할 테니까요. 가능한 한 저희의 모습을 드러내고 보여줬습니다.

다음으로 아마 가장 민감한 부분일 텐데 건축비와 설계비 문제입니다. 저는 광고 쪽 일을 하니까, 친구들이나 주변 사람이 만나면 많이 물어보는 질문 중 하나가 이런 겁니다. 연예인 누구누구 봤어요? 실제로 보면 어때요? 그리고 광고 만드는 데 얼마쯤 드는지 많이 물어봐요. 그런데 광고 만드는 일을 20년 정도 한 저도 얼마쯤 드는지 정확히 말할 수 없어요. 정말 최소한으로 3천만 원부터 3억 원까지 차이가 나죠. 가늠할 수가 없죠. 그러면 평균 단가가 어느 정도인지 묻습니다. 그러면 그냥 평균적으로 1억 원이나 1억 5천만 원 정도라고 말합니다. 그거는 딱 3천만 원과 3억 원의 중간이죠. 그거밖에 설명을 못하죠. 사례가 엄청 다양하기 때문에, 답을 할 수가 없죠. 그런데 제가 그걸 잘 알면서도 양수인 건축가에게 똑같은 질문을 했어요. "이런 데 집 지으면 얼마쯤 들어요?" 답을 못하더라고요.

여기서 이런 경우와 비슷한 저의 경험을 얘기할 수 있을 것 같습니다. 제가 일을 할 때 가장 좋은 종류의 클라이언트는 자신의 상황과 자신이 원하는 사항을 솔직하게 말해주는 클라이언트입니다. "이 감독, 나 이런 거 만들고 싶은데 우리 예산이 8천만 원밖에 없어요. 이 안에서 효율적인 광고 만들어주세요"라고 하면 일하기가 굉장히 편합니다. 그럼 저는 8천만 원의 예산에서 제 마진을 따져보고, 나머지 금액으로 만들 수 있는 광고의 아이디어를 짭니다.

그런데 보통의 클라이언트들은 자격지심인지 자존심인지 모르겠지만, 예산 얘기를 잘 안 해요. "이 감독, 돈 걱정은 하지 말고, 돈 걱정 하는 사람이 광고 만들겠어요? 좋은 아이디어부터 가져오세요." 이러죠. 저는 그럼 사무실로 돌아오면서 '회사는 작지만 알찬가보다' 하고 생각하게 되죠. 그러면 이제 아이디어가 막 날아다닙니다. 이번에는 미국이나 호주로 해외촬영을 가서 멋진 그림을 찍자, 그게 안 되면 최소한 제주도라도 한번 생각해보자, 이러는 거죠. 그렇게 아이디어를 갖고 가면 그제야 예산 얘기를 합니다.

"이건 찍으면 얼마나 돼요?" "2억 5천만 원 정도 됩니다." "제주도는요?" "한 2억 정도입니다." "해외랑 제주도랑 차이가 별로 안 나네요?" 제주도가 물가가 비싸서 어쩌고저쩌고. 이런 이야기가 오가죠. 그리고 나면 실무자가 저한테 옵니다. "죄송한데, 저희 예산이 8천만 원밖에 없는데요." 이러는 거예요. 그러면 그전에 고민했던 아이디어들은 물거품이 되는 거죠. 안 해도 될 일을 한 게 되잖아요. 애초에 저한테 예산이 얼마인지 미리 알려줬으면 거기에 맞춘 아이디어가 나왔을 텐데, 일단 펼쳐보라고 해서 막 펼쳤더니 예산이 8천만 원이라고 하면 허무하죠. 그러면 8천만 원에 맞는 아이디어를 처음부터 다시 짜야 합니다.

저 같은 경우에는 오리엔테이션 받고 처음에 일할 때가 가장 에너지가 넘쳐요. 만약 위와 같은 상황이면 이미 에너지가 많이 소비되어버린 거죠. 사무실 와서 그동안의 아이디어를 다 폐기합니다. "8천만 원에 맞는 새로운 아이디어를 다시 짜자." 이제 이렇게 되는 거죠.

그래서 저는 제가 정말 가지고 있는 예산을 솔직하게 설계사에게 이야기하고 거기에 맞는 집을 이야기하는 게 좋을 거 같다는 생각을 했습니다. 에피소드가 하나 있는데요. 저도 쓸 만한 집을 지으려면 평당 단가가 500만 원은 되어야 한다는 등등 이런 얘기를 주워들어서 건축 면적을 90평 정도로 예상하고 예산이 4억 5천만 원밖에 없다고 했습니다. 그러니까 양 소장이 얘기하더라고요. "보통의 건축주들이 그렇게 말씀을 하시는데, 그런 경우 보통 뒤로 5천만 원 정도는 여유가 있더라고요. 그렇게 알고 있겠습니다."

실제로 저희가 5억 원 정도 생각하고 있었거든요. 아내와 차를 타고 가면서 "4억 5천만 딱 얘기해." "더 이야기하면 안 돼." "우리 5억 있다는 얘기하면 안 돼." 이렇게 말했거든요. '역시 전문가는 전문가구나' 하고 놀랐던 일을 우스개로 말씀드립니다.

계획대로 되면 재미없지

토지 계약을 하고, 본격적으로 설계를 시작하게 됐는데, 평창동이라는 동네가 집을 짓기에 굉장히 까다롭더라고요. 나름대로 사전에 많이 조사를 했는데도 거쳐야 할 절차와 과정이 많았습니다. 지역 특성상 대지였지만 바로 집을 지을 수는 없었습니다. 개발 행위에 대한 허가부터 시작해서, 여러 행정적 확인을 받아야 했습니다. 그래서 일반적인 지역보다는 설계 과정이 더 오래 걸렸습니다. 그리고 저희는 돈이 별로 없잖아요. 전세금을 빼서 그걸 건축비로 써야 했습니다. 그 사이에 그 근처 구기동에 1년짜리 월셋집을 구해 들어갔습니다.

2015년 4월에 허가를 받고 시공사를 선정하게 됐습니다. 물론 시공사를 선정하는 다양한 방법이 있겠지만, 저는 설계사무소를 선정할 때와 똑같은 방법을 택했습니다. 그 결과가 나쁘지 않았기 때문인데요. 시공사 역시 포트폴리오가 그리 많지 않은, 굉장히 젊은 친구들이었습니다. 그 친구들의 열정과 그들이 열심히 잘해줄 것이라 믿고 2015년 7월 5일에 착공을 시작했습니다.

시공도 처음에는 무리 없이 진행되었습니다. 하지만 대부분이 그렇듯이 문제가 생기죠. 건축 후기를 찾아보면 처음에는 '님'으로 시작해서 '새끼'로 끝나는 경우가 많더라고요. 저 역시도 시공사의 선정은 처음에는 좋게 시작했지만 끝에 가서는 안 좋았습니다. 공사의 중단과 지연이 많아서 입주가 연기됐고, 어쩔 수 없이 처가살이를 하게 됐고요.

왜 집 지으면 10년 늙는다, 나중에 가서 멱살잡이하고 소송하고 그런다, 이런 얘기를 하잖아요. 저는 '나는 그러지 말아야지'라는 생각으로 차근차근 준비를 해왔기 때문에 그런 일이 저에게는 일어나지 않을 거라 생각했는데요. 저도 똑같이 시공사와 안 좋았고 결국에는 소송을 진행하게 되었습니다. 그런데 사실 모든 게 계획대로 되면 사실 인생이 별로 재미없을 거 같아요. 너무 부정적인 쪽으로 생각을 갖지 않는 게 좋을 것 같습니다. 시공사와의 불화를 비롯해서 집 짓는 과정 중에 생기는 크고 작은 문제들을 인생에서 한 번쯤 겪을 수 있는 일이다, 이렇게 생각하는 거죠.

어쨌든 시공사와의 문제가 생기면서 공사가 늦어졌지만, 드디어 입주하게 됩니다. 지금 만 1년 정도 거주했습니다. 아주 만족스러운 생활을 하고 있습니다. 이건 실패담이지만, 시공사를 상대로 소송이 진행되고 있습니다. 그리고 총 설계 기간은 개발 행위 허가를 포함해서 3년 정도 걸렸습니다. 시공은 7개월로 협의했는데, 실제로는 13개월이 걸렸습니다. 계획보다 늦어지는 경우가 많기 때문에, 다양한 변수를 염두에 둘 필요가 있습니다.

고개집 전경. ⓒ신경섭

이형주 CF 감독

소송을 한 이유는 제가 시공사에 지급한 돈이 제 집에 쓰이지 않고 다른 현장에 들어간 정황이 발견되었기 때문입니다. 그 문제를 두고 소송을 하고 있습니다. 많은 시공사는 자금 회전이 그다지 좋지 않습니다. 아랫돌을 빼서 윗돌 괸다고, 저와의 계약금으로 다른 공사비를 메워야 하는 상황이더라고요. 그게 순환이 잘되면 상관이 없지만, 어느 한 부분이 막히면 문제가 생기는 거죠. 그러면 공사가 지연되고 중단되면서 계속 늘어지는 거죠.

그래서 당부를 드리고 싶어요. 시공사나 건축가와 계약을 할 때는, 비용을 좀 들이더라도 계약서를 변호사에게 보여주는 것이 반드시 필요할 것 같아요. 작은 돈을 들여서 큰돈을 지키는 거죠. 이 계약이 적절한 계약인지 스스로 판단하기 힘드니까 약간의 수수료를 지불하고 전문 변호사에게 확인을 받는 겁니다. 변호사에게 보여주면 여러 가지 조언을 들을 수 있잖아요. 변호사의 도움을 받는 게 일종의 안전장치로 필요하다고 생각합니다.

전문가의 도움

평창동에선 기본적으로 2층 이상 지을 수 없습니다. 저희 집은 지하층 포함해서 3층입니다. 사람들이 저희 집에 와서 보면 "이게 무슨 지하야?"라고 물어요. 해가 들어오고 지하처럼 보이지 않으니까요. 하지만 법적으로는 지하죠. 집을 정면에서 보면 좌우가 경사지입니다. 그래서 지하층의 한쪽 벽이 대지에 묻혀 있습니다. 평창동의 집은 대부분 이렇게 되어 있습니다.

평창동은 경사지가 많고 건축 관련 법규가 까다롭다. ⓒ신경섭

이형주 CF 감독

네 면 중 절반 이상이 땅에 묻히면 지하층으로 규정이 되는데요. 이런 부분이 설계를 하는 사람의 노하우이자 요령인 거 같아요. 건축법을 준수하면서 최적의 결과를 만들어내는 것 말입니다. 그러다 보니 행정상으로는 지하 1층·지상 1층·지상 2층 이렇게 되어 있지만, 저희끼리 1층·2층·3층으로 부릅니다.

땅을 고를 때 정방형의 모양이 좋을 것 같지 않습니까. 하지만 꼭 그렇지는 않은 것 같아요. 창작자 기질이 있는 사람들은 어려운 조건이 주어졌을 때 오히려 도전욕구가 생긴다는 거죠. 가령, 땅이 삼각형이고 예산은 8천만 원밖에 없어요. 이럴 때 누가 "해볼래? 안 해볼래?" 제안해오면 왠지 구미가 당긴다는 얘기입니다. 그리고 그러한 과정에서 굉장히 재미난 집들이 지어진다고 합니다. 땅의 경사가 너무 심하거나, 땅 모양이 이상할 때 오히려 도전의식을 발휘하는 사람이 있는 것 같아요. 너무 이쁜 땅을 고집하기보다는 조금 부족해 보이지만, 그래서 저렴하게 매입할 수 있다면 그것도 괜찮은 방법이라고 생각합니다.

건축가에게 자신이 원하는 집을 한 문장으로 설명할 수 있으면 좋다고 봐요. 설계와 건축의 과정에서 수많은 고려와 변수가 있겠지만 끝까지 잃어버리지 말아야 할 핵심적인 콘셉트 말이죠. 저는 양수인 건축가에게는 '사람 두 명, 개 두 마리, 고양이 두 마리, 이렇게 총 여섯 개체가 안전하고 자유롭게 다닐 수 있는 집'을 지어달라고 얘기했습니다. 이 부분은 건축주마다 상황이 다르겠죠. 아기가 있으면 그에 맞춘 고려가 들어가고, 어르신이 있으면 그에 맞는 고려가 필요하죠.

저희는 항상 동물들을 바라볼 수 있게 아래와 위가 복층으로 뚫린 집을 원했어요. 보통 개들은 1층에서 생활을 하거든요. 위에서 내려다보면 개들이 어디에 있는지 알 수 있겠죠.

1층의 바닥을 계획할 때는 개의 특성을 많이 고려했습니다. 개들은 여름에 더워하거든요. 에어컨을 늘 틀 수 없기 때문에 시원한 촉감을 주는 바닥을 생각했습니다. 재료는 콘크리트 폴리싱을 택했는데요. 여름에는 시원하고, 겨울에는 밑에 온돌이 깔려 있기 때문에 따뜻합니다. 청소하기에도 좋고요. 고양이들은 높은 데에 올라가는 걸 좋아해서, 주로 2층에서 생활합니다. 계단 왼쪽에 있는 주방은 개들이 안 들어왔으면 해서 단을 두어 경계를 지었습니다. 전구는 모두 LED 등으로 했습니다. 일반 전구는 계속 깜빡깜빡하는데요. 사람이 못 느낄 뿐이지 개들은 동체시력이 사람보다 좋기 때문에 깜빡임에 굉장히 피곤해한다고 합니다.

개가 뛰놀 수 있는 마당은 반드시 있어야 했습니다. 단, 바닥이 흙이면 안으로 흙을 묻혀 올까봐 돌로 만들었습니다. 그다음에 집 한쪽에 펫도어(pet door)를 마련했어요. 얘들도 어쨌든 용변을 보게 되지 않습니까. 저희가 잠을 자는 중에도. 집 안쪽에서 바깥쪽으로

이형주 CF 감독

나가고 싶을 때 편하게 나갈 수 있도록 했습니다. 서양의 집을 보면 반려동물이 지나다니는 펫도어가 있잖아요. 그전에 살 때는 새벽에 애들한테 젖을 먹이듯이 저희가 일어나서 애들 오줌똥을 치웠었거든요. 이렇게 하고 나니 애들이 자유롭게 출입을 합니다. 그리고 여름에 이 문을 열어두면 실내와 실외를 왔다 갔다 합니다. 어디서 많이 보던 외국의 집들처럼 우리도 한번 살아보자고 한 거죠. 그다음에 손님이 오거나 개를 싫어하는 사람이 있을 수 있어서 가운데 슬라이딩 도어를 하나 뒀습니다.

고개집 1층 내부와 마당. ⓒ신경섭

이 모든 공간 곳곳에 저와 제 아내의 습관, 고양이와 개의 행동 습성이 담겨 있습니다. 이러한 부분을 건축가에게 전달하기만 하면 됩니다. 그 이후에는 건축가가 알아서 피드백을 해주니까요. 가장 중요한 것은 빠른 결정과 정확한 예산. 나머지는 건축가가 그 누가 됐든 알아서 잘해줄 거라 생각을 합니다.

집은 짓는 과정에서 가장 좋았던 점은 질문을 해줬다는 거예요. 저희가 충분히 설명을 한다고 하지만 빠뜨리는 부분도 있잖아요. 한 번은 이런 질문을 받았습니다. "개들 목욕은 어떻게 시키시나요?" 보통 욕실의 샤워기로 개들 목욕을 시키는데요. 개들이 키가 있기 때문에 수도꼭지 높이가 낮으면 수도꼭지에 계속 부딪혀요. 그래서 저희 집 욕실의 수도꼭지 높이는 보통의 경우보다 높아요. 이처럼 사소한 질문과 피드백이 계속 쌓이면서 디테일하고 단단한 설계가 완성되었습니다.

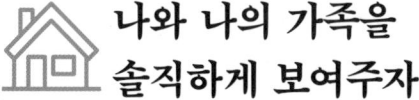

나와 나의 가족을 솔직하게 보여주자

클라이언트 앞에서 파워포인트로 발표하고 아이디어를 설명하는 게 제 일이기 때문에 건축가에게 의견을 전달하는 수단도 일종의

고개집 2층의 모습과 2층에서 바라본 1층과 마당. ⓒ신경섭

발표 자료처럼 만들었습니다. 사실 과정이나 안에 담기는 내용이 중요하지 형식은 그렇게 중요하지 않다고 생각합니다. 방식은 다양할 수 있죠.

'태양과 마당과 시간이, 사람과 동물이 함께.' 이렇게 제목을 한번 잡아봤습니다. 추상적이긴 하지만 뭔가 조화롭게 이루어지기를 바랐습니다. 채광과 환기가 잘되고, 사람과 동물이 같이 어우러지는 집을 꿈꿨습니다. 참고로 이 자료는 몇 번의 회의를 거친 다음, 건축가를 집으로 초대해서 보여준 것입니다. 평창동 전셋집에 와서 개들도 한번 보고 우리가 어떻게 사는지 우리가 얼마나 어지럽혀놓고 사는지 가감 없이 보여줄 필요가 있겠다고 생각을 했습니다.

몸이 아플 때 의사한테 가서 진단을 받잖아요. 그때처럼 부끄러움 없이 저의 모든 것을 하나하나 드러내는 시간이었습니다. 저와 제 아내, 제 반려동물을 소개했습니다.

그다음은 있는 대로 자료를 모았습니다. 레퍼런스를 통해 설명하는 게 모두에게 좋으니까요. 요즘에는 인터넷에 집 관련 사진도 많고 자료도 많기 때문에 쉽게 찾아볼 수 있죠. 말로 설명해도 되겠지만, 같은 말이라도 다른 그림을 그리는 경우가 종종 있잖아요. 나는 하마를 이야기하고 있는데 듣는 사람은 코끼리를 그리는 경우가 생기는 거죠. 그렇기 때문에 아무리 낡고 오래된 자료라도 자기 느낌을 전할 수 있는 레퍼런스를 다양하게 준비하는 게 중요한 것 같습니다.

이 당시에는 스마트폰을 끼고 살면서 집 관련 사진을 캡처하고, 아내랑 같이 이야기를 나눴습니다. 지나고 나서 보면 이때가 가장 즐거웠던 것 같아요. 서로 예쁜 사진을 발견하면, "이런 느낌 어때?" 하고 물으면서 미래의 집을 상상하는 거죠. 저희는 현대적이고 단순한 집을 생각했습니다. 그리고 한옥 같은 느낌도 띠면 좋겠다고 생각해서 관련 레퍼런스를 찾았습니다. 그리고 옥상 사진도 많은데, 이때는 저희가 옥상을 지을 수 있을 것이라고 생각했었으니까요. 결과적으로 지금 집에는 옥상이 없죠.

그리고 사소한 팁 하나인데요. 저도 무언가를 만드는 일을 하잖아요. 소설이든 영화든 그림이든 무엇의 완성도는 굉장히 조그마 한 부분에 의해서 좌우된다고 생각합니다. 비싼 명품 옷을 얻게 되거나 입어보면 별반 다를 바 없는 것 같은데, 단추나 마감이 조금씩 달라요. 그게 사실은 돈이 많이 들어가는 일이고, 품이 많이 드는 일이죠. 이를테면 대문에 번지 숫자, 사는 사람 이름, 집의 이름, 이런 것을 디자인해서 포인트로 넣으면 전체적으로 완성도가 확 올라갑니다.

이처럼 나의 많은 욕구들을 일단 쏟아놓으면 건축가가 객관적이고 전문적인 입장에서 정리를 해주는 거죠. "드레스룸은 필요 없지 않아요? 다른 공간을 드레스룸으로 같이 활용하시면 될 것 같습니다" 이런 식으로 계속해서 다시 제안을 해줬어요. 그렇게 절충안을 찾아가면서 최종적인 결과물이 탄생했습니다.

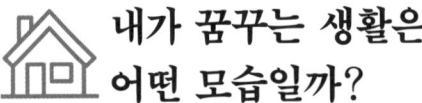
내가 꿈꾸는 생활은 어떤 모습일까?

이렇게 건축가와 의견을 나눈 뒤에도 또 몇 번의 피드백이 오갔습니다. 그다음에 건축가가 또 하나를 요구했습니다. "생활 패턴은 다 이해했다. 그런데 이것 말고 이야기해줄 수 있는 게 있으면 더 해줬으면 좋겠다"라고 했어요. 새로 지은 집에서 꿈꾸는 삶을 보여달라는 거였죠. 이것도 마찬가지로 클라이언트에게 발표하듯이 정리를 했습니다.

새 집에서 일어나는 일을 그림으로 그리고 소설로 써보자고 생각했습니다. 완공되기 전이지만, 집이 완성된 상황을 상상해서 썼어요. 주말 아침에 일어나서 개밥을 주는 상황이 첫 번째로 떠올랐습니다. 그러면 머릿속에 동선이 그려지잖아요. 여기서 사료를 꺼낸 다음 개들을 부르면, 개들이 마당에 있다가 펫도어로 쑥 들어와서 밥을 먹고 가겠죠. 그러면 아마 개들이 침을 흘렸겠죠. 그럼 그걸 닦아야 하고요. 개들은 똥을 싸러 밖으로 나가고요. 저는 또 그걸 치우죠. 이렇게 막 상상해본 거예요. 영화로 치면 한 장면을 그린 거죠.

이렇게 상상을 하면, 개들한테 밥을 주는 상황에서는 어떤 공간이 필요하고 그 공간이 어떻게 구성되어 있으면 좋을지 떠오르죠. 이렇게 내가 미래의 집에서 사는 모습을 한 장면으로 그려보니까 필요한 게 나오더라고요. 또 제가 애들하고 마당에서 공놀이를 하는 그림을 상상하면, 마당의 구체적인 모습이 자연스럽게 그려지는 거죠. 개가 넘어지면 다칠 수도 있으니까 마당의 바닥은 어떻

그림으로 표현한 새 집에서의 생활.

게 해야 하는지, 공이 튀어 넘어갈 수도 있으니까 담장이 높아야 하나? 구체적인 어느 한 상황을 상상하면 필요로 하는 게 떠오르잖아요. 그걸 주저 없이 막 써놓는 겁니다. 이 역시 건축가가 다시 정리한 다음 피드백을 주었습니다.

더 나아가서 요리할 때, 개와 고양이를 목욕시킬 때, 눈을 치울 때, 근처에 사시는 장모님이 오셨을 때, 사람들을 초대했을 때의 상황을 다 떠올려보는 겁니다. 저만의 방식으로 새로운 집에서 어떤 생활을 원하는지 글과 그림으로 표현해봤던 것 같습니다.

그리고 건축가 및 시공사와의 커뮤니케이션은 주로 말로 하게 되지만, 문서로 주고받는 것이 필요하고 또 좋다고 생각합니다. 서로 이야기한 것들을 문서로 정리해서 이메일로 주고받으면 그 문서가 일종의 증거가 됩니다. 그러면 중간에 서로 말을 바꿨느니 어쨌느니 하는 논란을 방지하는 데도 도움이 되겠죠.

 ## 집을 짓기 전에
: 문제를 대하는 태도와 주변 사람에 대한 배려

마지막으로 전하고 싶은 두 가지가 있습니다. 제가 하는 일은 어떤 문제를 해결해주는 일이거든요. 장사가 잘 안 되는 가게나 회사의 문제에 대한 해결책을 광고로 풀어내는 일입니다. 사실 많은 분들이 시공사 선정에 두려움을 갖고 있는데요. 어떤 시공사를 어떻게 선정하든 간에 문제는 생깁니다. 건축가도 마찬가지죠. 저는 어떤 문제도 안 생기도록 하겠다고 생각해서 스트레스를 더 많이 받았던 것 같습니다. 남들과는 다르게 시공사나 건축가와 아무 문제 없이 부드럽게 일을 해결해나가고, 집을 지어도 10년 안 늙는다는 걸 보여주겠다고 마음먹었는데 이게 오히려 독이 된 거죠.

그런데 살면서 문제가 생기는 건 당연한 거잖아요. 좀 지나고 나서는 '문제가 생겨도 그 문제를 해결할 수 있는 사람이면 괜찮겠다'는 생각을 했습니다. 저와 함께한 건축가는 크고 작은 문제가 생길 때마다 함께 해결해나가는 파트너로서의 역할을 잘해줬고 실제로 만족스러웠어요. 반면 시공사는 그런 문제가 생겼을 때 파트너로서의 역할을 잘 못했던 것 같습니다. 절반은 만족스러우니 다행이라고 생각합니다.

그리고 '문제가 생기지 않게 하겠다' 이렇게 준비를 하는 것보다 '문제가 생기면 그에 맞게 대처하면 되지'라는 마음으로 준비를 하는 게 좋을 거 같아요. 저처럼 소송까지 가는 건 아니더라도, 집을 짓는 과정 중에 크고 작은 문제가 안 생길 수는 없으니까요.

또 하나는 집을 짓는 곳 주변에 사는 사람에 대한 이야기입니다. 제가 집을 짓기로 했을 때, 주변에서 많이 들었던 여러 가지 스트레스 중에 하나가 민원이었습니다.

　그래서 착공하기 전에 제 집을 둘러싼 여섯 집에 편지를 썼습니다. 언제부터 착공을 할 텐데 시끄러울 수 있으니 수험생이 있거나 아픈 분이 있을 경우 미리 알려주면 그 점에 유의해서 집을 짓겠다고 보냈어요.

　그리고 시공을 할 때 바로 옆 땅이 꼭 필요했어요. 도로에 자재를 쌓을 수는 없잖아요. 거기에 자재를 쌓아야 했거든요. 등기부등본을 찾아서, 그 땅 주인한테도 편지를 보냈습니다. 어느 날 전화가 오더라고요. 일흔 넘은 어르신이었습니다. "내 땅 옆에 집을 짓겠다고? 너무 고맙네. 나한테 직접 편지를 써줘서." 이렇게 말하는 거예요. 그러더니 자기가 양평에 있으니까 양평에 한번 오라는 거예요. 얼마간의 사용료를 주고 그 땅을 써야겠다고 생각했습니다. 이런 저런 얘기를 했는데요. 저는 어느 타이밍에 땅 얘기를 해야 하나 조마조마하고 있었죠. 그런데 마지막에 헤어질 때쯤에 "내 땅이 필요하면 언제든지 무료로 써라." 이러는 거예요. 제가 편지로 먼저 알려주고 미리 양해를 구했던 걸 고맙게 생각했던 것 같습니다.

　그래서인지 다행히 집 지을 때 민원도 크게 없었어요. 시끄럽다는 민원은 일상적으로 있는 일이고요. 공사에 문제가 될 만한 민감한 일은 없었습니다. 처음 편지를 보낸 뒤에도 일정에 따라 편지를 보냈습니다. 예를 들어 언제 골조 공사를 한다, 언제 콘크리트를 붓는다,

이런 식으로요. 이렇게 양해를 구했습니다. 사실 주변 사람들 입장에서는 언제까지 땅을 파는지, 언제 완공되는지 궁금하잖아요. 집이 완공되었을 때 다들 구경하러 오고, 티슈 같은 것도 주고, 지금도 좋은 이웃 관계가 유지되는 데 편지가 큰 몫을 한 것 같습니다.

3장

집 짓기의 출발, 대지와 프로그램

유현준 교수

제가 몇 개의 작품을 설명해드렸는데,
가장 관심 있게 보는 것은 시각적 관계입니다.
제가 바람직하다고 생각하는 것은
시각적으로 관계를 갖고 있는데 가려면 뺑뺑 돌아서
가는 형태예요. 대체적으로 설계를 하면
패턴이 그렇게 나옵니다.
더 넓게 느껴지고 더 멀리까지 보이는 거죠.
내 공간은 작더라도
다른 공간을 빌려서 쓸 수 있게 하는 겁니다.

인간이 디자인하는 사물은 크게 두 가지로 나뉩니다. 하나는 우리의 몸보다 작은 것, 또 다른 하나는 우리의 몸보다 큰 것. 우리의 몸보다 작은 경우에는 계속 우리가 그걸 밖에서만 쳐다보게 되죠. 하지만 건축물은 좀 달라요. 건축물은 우리의 몸보다 크기 때문에 밖에서 바라보는 경우도 있고 반대로 안에 들어가서 바깥을 보는 경우도 있습니다. 다른 디자인의 영역과는 다르게 스케일의 차이가 크죠. 여기서 이런 질문이 나올 수 있을 것 같아요. 자동차는 사람의 몸보다 크니까 건축물과 똑같은 거 아닌가. 물론 그렇게 볼 수도 있습니다. 그런데 자동차와 집에도 차이가 있죠. 예를 들어 현대자동차의 소나타라고 하면 더운 지방인 하와이에서도 탈 수 있고 아프리카에서도 탈 수 있고 추운 지방인 시베리아에서도 탈 수 있어요. 장소의 구애를 받지 않고 적용될 수 있는 거죠. 그런데 집이라면 얘기가 많이 달라집니다. 하와이나 아프리카처럼 더운 지방에 있는 집을 시베리아에 똑같이 옮겨놓으면 그 안에서 살 수가 없죠. 건축물에 담기는 프로그램(program, 용도)이 똑같더라도 건축물이 놓이는 사이트(site, 대지)가 달라지게 되면 사실상 쓸 수가 없는 상황이 돼요. 그래서 건축 디자인은 반드시 사이트와 밀접하게 연결될 수밖에 없습니다.

 건축의 첫 단추, 사이트

사이트에 대한 이해는 건축 디자인을 이해하는 첫걸음입니다. 그럼, 좋은 디자인이란 뭘까요. 디자인을 할 때 결국 가장 좋은 가르침은 자연에서 얻는다고 할 수 있습니다. 자연 속의 디자인을 살펴볼까요. 느티나무가 하나 있습니다. 이 느티나무 특유의 모양이 어떻게 만들어졌는지 생각해볼 필요가 있어요. 느티나무가 자라는 곳이 보통 온대 지방이라고 합시다. 여기에 있으면서 이러한 모습을 갖게 된 이유는 광합성을 최대한으로 하기 위함입니다.

쉽게 말해서 광합성을 할 때 나무의 이파리가 최대의 면적으로

같은 나무라고 해도 장소의 특성에 따라 형태가 달라진다.

나올 수 있도록 디자인을 고안해낸 것입니다. 줄기가 있고 거기서 가지가 나온 거죠. 구조적으로 봤을 때는 줄기의 밑이 굵어야 안정적이고 위로 갈수록 좁아집니다. 그리고 줄기에서 나뭇가지가 뻗어 나가죠. 나뭇가지도 줄기에 붙어 있는 쪽은 좀 더 굵고 바깥으로 갈수록 가늘어요. 거기에서 표면적이 넓어지면, 다시 또 다른 나뭇가지가 뻗어 나가죠. 그다음에 거기에 넓은 이파리가 붙습니다. 그게 햇빛을 향해 열려 있게끔 되어 있어요. 이러한 형태는 광합성을 최대한 효율적으로 하는 방법을 나름대로 고안하여 만들어진 것이라고 볼 수 있어요.

똑같이 광합성이 목적이라고 해도, 사이트가 달라져 건조한 지역으로 가면 이파리가 좁아지면서 선인장이 되죠. 구조적으로 봤을 때는 똑같아요. 둥그런 원통의 형태가 안정적이고, 수분을 빼앗기면 안 되니까 이파리가 작아져서 바늘처럼 되고 그러면서 광합성을 하는 건 똑같죠. 열대 지방으로 가면 모양이 이런 식으로 바뀝니다. 똑같이 나무라는 생물체지만 장소의 특성에 따라서 계속 다른 형태로 변화하고 진화하는 거죠. 그러니까 건축 디자인의 시작은 사이트에 가장 잘 맞는 형태가 무엇인지를 찾아가는 과정이라고 할 수 있습니다. 야자수가 나은 것인지 선인장이 나은 것인지 아니면 느티나무가 나은 것인지, 이걸 찾아가는 것이 건축 디자인의 첫 번째 단추라고 할 수 있죠.

자연의 또 다른 생명체인 동물에서도 디자인을 배울 수가 있는데, 그 예로 가자미의 모습을 들어볼게요. 가자미는 눈 두 개가 한쪽 면에 돌아가 있습니다. 자기를 잡아먹으려는 물고기를 피해서 바닥에 밀착해서 다니다 보니 몸의 형태가 납작해지고 눈이 한쪽으로 돌아간 거죠. 그런 환경이 합쳐지면서 결국에는 한쪽 면에 눈이 두 개 있는 모습으로, 변종이 만들어진 것입니다.

건축물도 가만히 보면 정말 말도 안 되는 형태가 있습니다. 많은 경우가 건축 법규에 의해서 나온 거예요. 사선제한에 맞추고, 용적률을 극대화하다 보니 소위 말하는 '허가방'에서 디자인한 건물이 나옵니다. 어떻게 보면 사이트의 조건에 의해서 용적률을 최대로 뽑아낸 효율적인 디자인입니다. 한편으로는 건축가들이 그런 조건과 제한을 새롭게 풀어내면서 그 형태를 더 아름답게 승화시키는 사례도 있습니다. 이에 대해서 '용적률을 최대한으로 하면 아름답지 않으니까, 뭐 손해 보더라도 이렇게 해야지' 하고 생각할 수도 있는데, 디자인을 잘한다는 것은 사실상 그런 제한된 조건 안에서도 아름다운 형태를 뽑아내는 능력입니다.

여기서 건축주가 종종 착각하는 것 중 하나가 '설계 잘하는 사람한테 가면 손해 나는 거 아니냐'라는 생각입니다. 용적률을 최대로 뽑지 않으니까요. 하지만 좋은 디자이너라면 그런 제약 조건하에서도 아름다움을 찾아내는 사람이라고 볼 수 있죠. 예를 들어서 건축가가 디자인을 하면 다른 데서는 잘 만들지 않는 테라스를 지을 수 있습니다. 그것이 지어짐에 따라서 부동산 가치가 훨씬 올라가기도 하고요. 작은 공간이라면, 중정을 다섯 평 정도 만들기를 권합니다. 그 작은 다섯 평짜리의 중정이 50평 이상의 심리적 효과를 가져오기도 해요. 즉 종합적으로 생각할 필요가 있습니다. 이 사이트에 맞는 건축물이 용적률을 최대로 뽑는 공간인지 아니면 건축적으로 사람이 쓸 수 있는 공간인지 따져봐야 해요. 야외 공간을 어떻게 만들어야 나머지 공간에 생동감을 부여하고 공간감을 살릴 수 있는지, 이런 모든 결정들은 사이트에 따라 달라집니다.

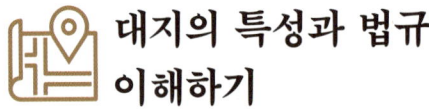
대지의 특성과 법규 이해하기

보통 대지라는 말을 씁니다. 건축가들은 사이트라는 말을 더 많이 써요. 대지는 여러 가지 종류로 나뉩니다. 우선 필지라는 단어가 있습니다. 지적도를 떼보면 지도상에 땅이 구획되어 있습니다. 그런데 대체로 지도에 나온 것은 실제와 달라요. 그래서 건축주가 100만 원 정도를 들여서 실측해야 합니다. 빈 땅에 빨간색 막대기가 꽂혀 있는 모습을 보신 적이 있을 거예요. 그게 실측을 해서 지적을 정확히 표시해놓은 겁니다.

그리고 주거지역이냐 상업지역이냐, 용도를 나눠서 구분합니다. 먼저 주거지역을 보면 제1종 전용, 제2종 전용, 제1종 일반, 제2종 일반, 제3종 일반 이렇게 나뉩니다. 여기서 중요한 사항은 각각의 땅에서 어느 정도의 건폐율과 용적률로 쓸 수 있는지입니다. 땅이 100평이고 건폐율이 50%라면 50평까지 건물을 지을 수 있습니다. 건물을 위에서 내려다본다고 생각하면 돼요. 쉽게 말해서 항공사진을 딱 찍었을 때 내 건물의 넓이죠. 그게 50평을 넘으면 안 되는 거예요. 만약에 가운데 중정이 있으면 어떻게 될까요. 중정은 건폐율에 포함이 안 됩니다. 건물 부분만 50평이 넘지 않으면 돼요.

다음은 용적률입니다. 가령 100평짜리 땅에 건폐율 50%라는 조건에 맞춰 50평의 건물을 지었어요. 여기서 용적률이 100%라면 2층까지 지을 수 있습니다. 1층 50평, 2층 50평, 그래서 합치면 100%가 되도록 말이죠. 만약 용적률이 300%다, 이러면 300평까지 지을 수 있는 거죠.

건폐율과 용적률은 건축에서 기본 중 기본입니다. 몇 평으로 몇 층까지 지을 수 있는가. 여기서 디자인의 절반이 결정이 됩니다. 저 같은 경우는 어떤 식으로 디자인 구상을 하냐면, 이 땅이 건폐율이 몇 퍼센트고 용적률이 몇 퍼센트인지 봅니다. 제가 제일 안 좋아하는 건 건폐율 50%에 용적률 200%인데 층고 제한은 4층으로 되어 있는 경우예요. 이런 거는 그냥 거기서 끝이에요. 50평에다 4층 올리면 딱 200평이잖아요. 그다음부터는 어떻게 해볼 수 있는 자유가 거의 없어요. 그럼 어떤 경우가 좋을까요. 건폐율 50%에 용적률이 200%고 층고 제한이 6층이다, 그러면 테라스 형식으로 만들 수도 있고 중간에 보이드(void)로 중정을 빼낼 수도 있습니다. 다양한 시도를 해볼 수 있죠.

같은 건폐율 50%라도 디자인 방법은 여러 가지입니다. 한 덩어리로 할 것인지, 둘로 쪼개서 중간에 중정을 만들 것인지, ㅁ자 모양으로 할 것인지, 이런 것들이 땅의 모양과 주변의 도로 환경에 따라서 결정됩니다. 그래서 처음에 배치 전략을 잘 짜야 하죠. 그 첫 번째 단추가 건폐율과 용적률에서 나오는 것입니다.

다음은 상업지역입니다. 중심 상업지역, 일반 상업지역, 근린 상업지역 이렇게 나뉩니다. 주거지역과 비교하면 건폐율과 용적률이 좀 더 높습니다. 건폐율은 60%로 올라가고 용적률은 그보다 증가폭이 훨씬 크죠. 우리가 보통 대로변에서 마주치는 10층짜리 빌딩, 7~8층짜리 상가가 상업지역에 속합니다.

공업지역과 녹지지역도 있습니다. 요즘에는 집을 지으려는 분 중에서 녹지지역에 지으려는 분들이 많아요. 여기는 특징이 건폐율이 20%밖에 안 된다는 거예요. 그리고 보통 농가 주택이라고 해서 60평 이상으로 지으면 문제가 됩니다. 그래서 60평 이하로 짓습니다. 가령 땅이 300평이고 거기에 건폐율 20%라고 하면 딱 60평이 나오는 거죠. 이런 게 우리가 흔히 보는 일반적인 전원주택의 모습입니다. 그다음 개발제한구역이 있고요. 보통 그린벨트라고 얘기를 많이 하죠.

    이런 규정과 법규를 보고 나면 많은 건축주가 놀랍니다. 쉬울 것이라 생각하고 왔는데, 프로세스가 너무 복잡한 거예요. 저라도 그럴 것 같아요. 내 땅인데 대지를 다시 측량하라고 해요. 거기서 백만 원 이상 나가죠. 게다가 측량하고 용도 바꾸고, 각종 엔지니어링 비용은 따로 들어갑니다. 이런 과정에서 예상하지 못한 비용이 발생하는 것을 감안해야 합니다. 그리고 땅이 있으면 먼저 건축가랑 상의를 해야 합니다. 대부분 건축주는 나중에 들어갈 가구나 인테리어에 쓸 돈을 따로 빼두는데, 그걸 초장에 다 쓰게 되는 경우가 많습니다.

    다음은 연면적입니다. 연면적을 계산하는 방법에는 좀 애매한 부분이 있어요. 우리나라의 법규와 관련된 건데요. 예를 들어 50평짜리 땅에 2층으로 지으면 100평이 되잖아요. 근데 여기에서 약간의 편법이 있습니다. 필로티라고 해서 1층을 띄우는 게 있는데, 1층을 띄워서 그걸 주차장으로 쓰면 층수와 연면적 계산에 안 들어갑니다. 그 법을 이용하는 거죠. 주차장으로 허가를 받고 실제로는 거실로 쓰기도 해요. 게다가 좀 양심이 없으신 분은 거기에 나중에 접

이식 유리창까지 달아서 실내 공간으로 쓰시는 분도 있습니다. 그렇게 하면 건물의 모양이 좀 바뀝니다. 건축주에게도 그렇게 하지 않는 게 좋다고 말씀을 드리죠.

지하실도 연면적에 포함되지 않습니다. 신사동 가로수길 같은 동네는 땅값이 비싸잖아요. 임대료도 비싸죠. 이런 곳에서는 지하를 최대로 파는 거예요. 3~4층 이렇게 파서 지하에 극장을 만든 사례도 있습니다. 지하 공사비는 지상보다 1.5배 더 드는데, 그만큼의 공사비를 들여도 임대료가 나오기 때문에 이런 방식이 가능한 것입니다. 지하는 처음에 파지 않으면 나중에 어떻게 증축도 안 되잖아요. 그러니까 땅값에 의해서 지하를 팔 것이냐 안 팔 것이냐, 연면적에 포함 안 되는 걸 어떻게 이용할 것이냐, 이런 게 결정이 되죠.

마지막으로 사선제한입니다. 고층 건물을 지을 때는 북향으로 도로가 붙어 있는 게 좋다는 말이 있습니다. 이게 무슨 맥락에서 나온 이야기냐면요, 사선제한이라는 규정 때문입니다. 내 땅에 지은 건물 때문에 다른 땅에 있는 건물에 햇빛이 들지 않는 상황을 어떻게든 막기 위해 만들어진 법이 사선제한이에요. 예를 들어 내가 건물을 짓는데 용적률과 건폐율 따져서 5층짜리를 딱 지을 수 있다고 합시다. 네모반듯하게요. 그런데 문제는 그렇게 지으면 주위에 있는 마당이나 건물에 햇빛이 안 들어오는 상황이 벌어질 수 있다는 거죠. 그럴 때 뒷사람의 권익을 보호하기 위해 만들어진 법이 사선제한입니다.

그래서 반드시 사선제한 안에서 건축물을 지어야 하죠. 물론 그것을 디자인적으로 새롭게, 재미있게 승화하시는 분도 많습니다. 한편으로는 '허가방'이라고 해서 구청 앞에 보통 제대로 된 건축가보다 1/4 정도의 건축비만 받고 집을 짓는 사람을 가리키는데, 허가만 내주는 사람들하고 똑같은 디자인을 하는 사람들이 있습니다. 그 사람들을 보면 귀신같이 모든 법규를 피해 가서 말도 안 되는 건물이지만 용적률은 최대로 뽑아냅니다. 마치 컴퓨터 같아요. 그 사람들이 설계한 건물을 보면 사선제한이 어떻게 되어 있는지 극명하게 드러납니다.

우리나라의 경관을 해치는 것 중 하나로 꼽는 게 있습니다. 다세대주택이 많이 있잖아요. 일단 사선제한을 피해서 뒤쪽에 테라스를 만듭니다. 그리고 나중에 후공사로 테라스를 새시(sash)로 막아서 방을 확장해요. 관련 법을 교묘하게 피해서 만든 건데, 저는 그렇게 아름답다고 생각하지 않습니다. 앞으로 그런 게 점점 사라질 것 같아요. 한 국가의 GNP가 3만 달러 정도가 되면 건축물이 지닌 아름다움의 가치를 돈으로 환산하기 시작한다고 합니다. 요즘에는 논현동에 50억 원을 들여서 건물을 지었는데, 디자인을 공들여 하고 열심히 지어서 80억 원에 팔았다, 이런 얘기가 있기도 해요. 그런 사례들이 점점 일어나고 있습니다. 조금씩 변화가 생기는 거죠.

용어 정리

대지: 지적법에 의해 개별 필지로 구획된 토지.

필지: 구분되는 경계를 가지는 토지의 등록 단위로서 하나의 지번을 가지고 지적공부에 등록되는 토지의 기본 단위.

주거지역: 용도지역의 대분류인 도시지역의 작은 분류 중 하나로서 거주의 안녕과 건전한 생활환경의 보호를 위하여 필요한 지역.

상업지역: 상업 및 그 외 업무의 편익 증진(增進)을 위해 필요한 지역으로 용도지역 중 도시지역의 세분. 중심 상업지역, 일반 상업지역, 유통 상업지역으로 나뉜다.

공업지역: 공업의 편익을 증진하기 위해 필요한 지역을 가리킨다. 주거지역, 상업지역과 마찬가지로 도시지역의 세분이다.

녹지지역: 자연환경·농지 및 산림의 보호, 보건위생, 보안과 도시의 무질서한 확산을 방지하기 위하여 녹지의 보전이 필요한 지역.

개발제한구역: 도시의 무질서한 확산을 방지하고 도시 주변의 자연환경을 보전하여 시민의 건전한 생활환경을 확보함을 목적으로 설정된 용도 구역의 하나.

건폐율: 대지 면적(건축 대상 필지 면적)에 대한 **건축면적**(건물 외벽이나 이를 대신하는 기둥 중심선으로 둘러싸인 부분의 수평투영 면적)의 비율.

연면적: 하나의 건축물의 각 층 바닥 면적의 합계. 지하층, 주차장, 주민 공동시설은 연면적 합계에 포함되지 않는다.

용적률: 건축물 총면적(연면적)의 대지 면적에 대한 백분율을 말함. 건축물 연면적을 대지 면적으로 나눈 뒤 100을 곱하면 용적률이 나온다. 토지의 효율적 이용과 쾌적한 생활환경을 위해 용도지역별로 용적률 기준을 정하고 있다.

사선제한: 건축물의 높이는 일조(日照)·채광(採光)·통풍·미관 등을 결정하기 때문에, 도시환경을 확보하기 위해 건축물의 높이를 제한하는데 보통 도시의 구역마다 집단화하여 높이를 규제한다.

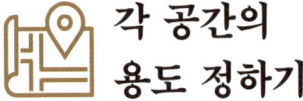 # 각 공간의 용도 정하기

결국 건축 디자인이라는 것은 사이트와 프로그램의 결합을 통해 만들어낸 해결책이라고 볼 수 있습니다. 사이트는 대지가 지닌 여러 조건을 가리키고, 프로그램은 여러분이 사용하고자 하는 건물의 용도를 의미합니다. 집 같은 경우에는 먹고 자고 씻고 요리하고 편안하게 쉬는 것. 좀 더 구체적으로는 예를 들어 책을 읽고 보관하는 것도 있죠. 각각의 건물마다 각각 다른 기능들이 그 안에 있습니다. 그리고 여러 개의 다양한 기능을 충족하는 공간이 모여서 하나의 건물을 구성하는 거죠.

디자인이라는 것은 우리 행동의 많은 부분을 컨트롤합니다. 이를테면 지금 왼쪽에는 둥근 탁자가 있고 오른쪽에는 사각형 탁자가 있습니다. 만약 카페 주인이 카페에 탁자를 놓을 때 원형이 좋을까요? 아니면 사각형 테이블을 놓는 게 좋을까요? 어려운 문제죠.

그런데 자세히 들여다보면, 원형과 사각형에는 차이가 있습니다. 사각형은 네 개의 면이 따로 있습니다. 마주하고 앉는 것과 옆에 앉는 게 확연히 구분되죠. 보통 일반적으로 사각형 탁자라고 하면, 가장 가까운 관계는 제가 앉은 곳에서 45° 각도에 있는 사람과 형성됩니다. 물리적 거리로나 심리적 관계로 봤을 때 제일 가까운

탁자의 모양, 문의 높이, 복도의 폭처럼 작은 부분을 어떻게 디자인하느냐에 따라 사람의 행동 패턴이 달라진다.

유현준 교수

자리가 되는 거죠. 이렇게 봤을 때 여러분이 어떤 모임을 갔을 때 가깝게 얘기할 사람이 있다면 그와 45° 각도 자리에 앉으시는 게 좋습니다. 이 얘기는 제가 한 말이 아니라, 에드워드 홀의 『숨겨진 차원』에 나오는 얘기입니다.

한편 원형은 좀 다르죠. 여러분이 아시는 대로, 원탁의 기사라는 말이 있지 않습니까. 아더왕이 원형으로 탁자를 만든 이유는 기사들끼리 위계질서 없이, 지위의 높낮이에 따른 구분이 없는 동등한 관계를 만들기 위해서였다고 볼 수 있습니다. 예를 들어서 사각의 긴 탁자가 있다고 하면, 회장님들이 좁은 면에 앉죠. 그다음 부하 직원들이 양쪽에 줄 지어서 앉는 식입니다. 반면 원형 테이블은 어디가 수장이 앉는 자리인지 명확하지 않습니다. 물론 출입구에서 가장 먼 쪽이 보통 상석이 되지만요.

카페 주인이 사각형 탁자, 원형 탁자 이렇게 두 개의 탁자를 놓았을 때 손님 네 명이 왔다고 칩시다. 그러면 사각형 테이블에는 한 면에 한 명씩 앉겠죠. 그런데 세 명이 더 왔어요. 그럴 경우 사각형 탁자라면 굉장히 골치 아파집니다. 그런데 원형 탁자라면 세 명이 더 온다 해도 의자를 조금 더 뒤로 빼기만 하면 돼요. 훨씬 더 유연한 거죠. 이렇듯 탁자만 봐도 원형인지 사각형인지에 따라서 공간의 운영 방식이 완전히 달라집니다.

건축에서 공간의 디멘션(dimesion)이라는 표현이 있습니다. 디멘션이라고 하는 것은 치수를 의미합니다. 방을 어느 정도의 크기로 할지, 복도는 어느 정도 폭으로 하고 문의 높이는 어느 정도로 할지, 화장실의 폭은 어느 정도로 할지, 이런 것들을 가리킵니다. 이런 것들이 사실 그 사람의 행동을 컨트롤하는 '보이지 않는 손'입니다. 결국에는 이러한 부분 하나하나를 어떻게 디자인하느냐가 관건이죠.

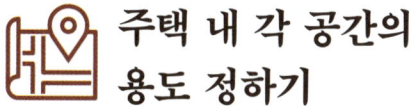

주택 내 각 공간의 용도 정하기

우리가 일반적으로 단독주택이라고 부르는 형태를 자세히 알아보겠습니다. 주택의 종류는 무척 다양하죠. 크게는 단독주택, 아파트, 연립주택, 다세대주택, 상가주택 등으로 나뉩니다. 주택에서 실내 공간만 살펴보면 구성은 대략 현관, 화장실, 침실, 복도, 거실, 부엌입니다. 실제로 오랜 시간 동안 생활하는 공간은 부엌과 거실과 침실이죠. 여기서 현관과 복도, 이 두 공간은 잠깐 지나치는 곳이에요. 2층일 경우 계단 역시 꼭 필요하지만, 잠깐 지나가는 공간이죠.

현관, 복도, 계단처럼 꼭 있어야 하지만 오래 쓰지 않는 공간을 어떻게 디자인하느냐, 어느 정도의 면적을 할당하느냐가 중요한 포인트입니다. '바람과 함께 사라지다' 같은 영화를 보면 대저택에 1층과 2층을 잇는 큰 계단이 나옵니다. 그랜드 스테어(grand stair)라고 하죠. 그랜드 스테어는 잠깐 지나가는 용도로 쓰기에는 너무 넓어요. 그럼 왜 그렇게 크게 만들었는지 의문이 생기죠. 그건 현관과 홀에 있는 사람들이 2층에서 집주인이 내려오는 것을 올려다보게 하기 위한 장치입니다. 일종의 스테이지(stage)라고 볼 수 있습니다. 옛날 영화를 보면, 큰 파티를 하는 장면이 많잖아요. 집주인은 보통 어디서 얘기합니까. 계단에 서서 얘기합니다. 이집트 피라미드, 지구라트 신전을 보면 계단이 정말 많아요. 황제들도 계단 위에 있죠. 계단 위에서 내려다볼 수 있게 하는 시점을 만들기 위해서 계단을 높게 만든 거죠. 그리고 그런 계단들은 보통 폭이 넓습니다. 이동의 목적인 동시에 무대 같은 역할을 하는 거죠.

그런데 일반 주택에는 그렇게 할 필요가 없죠. 우리가 거실에서 파티를 자주 여는 것도 아니잖아요. 그런 부분들을 잘 생각해서 설계하는 게 중요합니다. 예를 들어 60평짜리 집을 짓는다고 하면, 어느 공간에다 어느 정도의 면적을 할애할 것인지, 이 부분이 무척 중요하죠.

현관은 1.3m 정도의 폭이면 두 명이 마주 보고 있을 정도가 됩니다. 여러 명이 한꺼번에 신발을 벗고 신을 수 있으려면 2.15m 정도는 되어야 하겠죠. 여러분의 식구가 몇 명이고, 식구들이 얼마나 자주 현관에 몰리는가를 감안해서 크기를 정해야죠.

복도의 경우 폭이 1.3m 정도가 되면 교행, 양쪽에서 지나다니는 데 전혀 불편함이 없습니다. 한편 세 명이 왔다 갔다 하려면 최소 1.6m는 되어야 합니다. 일반적으로 학교를 설계할 때, 교육부 지침상에는 교실 옆에 복도의 폭이 2.4m로 되어 있습니다. 편복도, 즉 한쪽에만 교실이 있을 때 이러하고요. 양쪽에 교실이 있을 때는 3m가 규정입니다. 학교는 50분 수업하고 10분 쉬는데, 그 10분에 애들이 왕창 나오잖아요. 양쪽에서 아이들이 나오니까 3m 폭은 돼야 그 정도를 수용할 수 있는 거죠.

사실 주택에서는 이와 같은 상황이 거의 없습니다. 유럽에 성당이 많은데 성당 앞에는 꼭 성당 깊이만큼의 광장이 있습니다. 예를 들어 성 베드로 성당의 깊이가 100m라고 하면 그 앞에 광장 역시 한 100m 정도입니다. 교회 폭만큼이 앞에 광장의 폭이 되는 거죠. 그 이유는 예배가 끝나고 사람들이 쏟아져 나오기 때문입니다. 광장이 그 인원을 받아줘야 하죠. 즉 공간이 어떤 식으로 운영되는지가 그 공간의 크기를 결정하는 데 많은 영향을 끼치는 것입니다.

주택을 설계할 때에도, 이런 점을 감안해야 합니다. 가령 많은 손님들이 자주 오간다면 현관 입구가 좀 커야겠죠. 그런데 네 식구가 왔다 갔다 하는 정도이고, 그 시간도 각각 다르다면 클 필요가 없겠죠.

다음은 계단입니다. 계단은 구성하는 요소에 따라 디딤판, 챌면, 계단코 등으로 나뉘는데요. 실제로 이런 용어는 자주 쓰이지 않습니다. 하지만 한 가지는 아셔야 돼요. 계단참입니다. 1층에서 2층으로 올라갈 때 한 번에 올라가는 계단은 없습니다. 중간에 한 번 쉬게 되어 있습니다. 건축 법규상 3m가 넘는 높이 차이에서는 중간에 계단참을 항상 두게 되어 있습니다. 옛날 건물들은 계단참 없이 쭉 올라가는 것도 있는데 실수로 굴렀다가는 사람이 죽을 수도 있기 때문에 중간에 한 번 끊어줘야 합니다.

그래서 3m가 넘는 높이에서는 항상 계단참을 두는데, 이게 디자인하는 사람 입장에서는 별로 재미가 없어요. 저 같은 경우에는 계단참을 굳이 만들어야 한다면 하부에 만들어놓습니다. 한쪽으로는 길게 나오고 밑에서 한 번 쉬고, 그다음에 두세 계단 내려가면 마루가 나올 수 있게끔 하는 거죠. 계단참이 중간에 있으면 어정쩡한 경우가 많습니다. 계단참이 있고 한 방향으로 쭉 내려가는 계단도 있고, 내려가다 한 번 틀어서 내려가는 계단도 있습니다. 램프도 있는데요. 단이 없는 형태죠. 경사도가 보통 1:8 정도입니다. 장애인을 위해서는 1:18이 되어야 합니다.

한편 옥상 창고로 올라가는 계단은 경사가 그렇게 완만할 필요가 없죠. 일 년에 몇 번 안 쓰는 계단이니까요. 계단 폭 역시 용도가 무엇인지에 따라서 35cm부터 시작해 1.9m까지 다양합니다. 계단

건축 법규에서는 안전에 대비해 높이 차이가 3m 이상 날 때는 계단참을 두도록 규정한다.

한 단의 높이는 16~17cm가 적당합니다. 23cm를 넘지 못하게 되어 있습니다. 단 너비는 25~29cm가 적당합니다. 발길이를 생각해보시면 알 수 있죠. 우리가 계단을 올라갈 때 발을 3분의 2 정도만 걸치기 때문에 이 정도면 충분합니다.

거실도 한번 볼까요. 우리가 주의 깊게 봐야 할 부분은 방의 최소 크기입니다. 여섯 명 정도가 둥그렇게 앉기 위해서는 최소한 가로로 4.7m, 세로로 3.5m 정도는 되어야 합니다. 가로와 세로는 바뀌어도 별 문제 없겠죠. 만약 이 크기보다 작으면 쓰임새가 떨어집니다. 왜냐하면 가로세로의 길이가 적당히 비슷하고 최소 넓이가 확보가 되어야 방향성이 없는 공간이 나오기 때문입니다. 만약 어느 한 방향으로 지나치게 좁거나 길면 사람의 행동에 제약이 생깁니다.

예를 들어 발코니를 생각해봅시다. 우리가 발코니에서 하는 행동에는 무엇이 있을까요. 사실 거의 없어요. 화분 한 줄 놓고 빨래 널면 끝이죠. 왜냐하면 폭이 1m밖에 안 되기 때문이에요. 좀 불편하겠지만, 물론 두 사람이 서로 마주 볼 정도는 되죠. 그런데 세 명은 앉을 수 없어요. 그렇기 때문에 사실상 4인 가족을 생각했을 때, 발코니가 마당이나 테라스처럼 가족들이 동시에 모일 수 있는 외부 공간이 되지 못하는 거예요. 그렇다면 똑같이 5평짜리 발코니를 만든다고 해도, 그걸 좁고 길게 만드는 게 나을까요, 아니면 정방형이 나을까요? 당연히 정방형이 훨씬 좋죠. 그래야 거기서 여러 가지 일을 할 수 있게 됩니다. 바비큐도 해먹을 수도 있고, 앉아서 밥을 먹을 수도 있고, 저녁에 수박을 먹을 수도 있죠. 그렇기 때문에 공간의 가로세로의 비율이 무척 중요합니다. 가로와 세로가 각각 최소 4m는 되어야 사람들의 다양한 행동들을 수용할 수 있습니다.

다음은 부엌입니다. 대학교에서 제가 학생들한테 2학년 1학기 때 주택을 가르치거든요. 그때 제일 먼저 애들한테 신신당부하는 게 아파트에서 흔히 볼 수 있는 ㄱ자형 부엌을 만들지 말라는 것입니다. ㄱ자로 되어서 일할 때 거실에서 다 보이고, 벽만 보면서 요리하게 되죠. 그래도 요즘 아파트는 좀 많이 나아졌어요. 공간의 종류에는 우리가 편안하게 쉬는 공간도 있고 일하는 공간도 있는데 편안하게 쉴 때 일하는 공간을 바라보면 서로 불편하죠. 그렇기 때문에 그 공간들을 어떻게든 가려줘야 합니다.

개인적으로 제가 가장 바람직하다고 생각하는 부엌은 11자 형태입니다. 부엌을 만들 때 항상 11자로 합니다. 앞에는 설거지를 하는 개수대가 있어서 거실과 식탁 쪽을 볼 수 있게 해주고, 뒤쪽에 가스레인지 같은 것은 안 보이게 가려주는 형태입니다. 한쪽 벽이 뚫려서 사이를 왔다 갔다 하며 바깥 경치를 볼 수 있으면 더더욱 좋겠죠.

또 요즘에는 생선이나 고기 같은 걸 구울 때를 위해서 보조 주방을 많이 만드는 추세입니다. 그럴 땐 공간을 분할해서, 가급적이면 부엌에서 일하는 모습이 안 보이도록 하는 거죠.

다음은 욕실과 화장실입니다. 욕실 같은 경우에는 가로와 세로가 1.6m에서 2.4m가 최소 크기입니다. 욕실과 화장실도 예전과 많이 달라진 부분이 있습니다. 옛날에는 욕실과 화장실 하면 타일로 깔려 있고 물청소를 해야 한다고 생각을 했잖아요. 그래서 하수도 구멍이 항상 화장실 안쪽에 있습니다. 한편 미국 같은 경우에는 바닥이 타일로 깔려 있지도 않습니다. 그리고 보다 따뜻한 느낌이 납니다. 저도 주택을 설계할 때는 하수도 구멍이 욕조 바닥에서 보이지 않게끔 처리합니다. 왜냐하면 하수도 구멍을 만들면 그곳으로 물이 빠지게 경사를 만들어야 하거든요. 그런데 이렇게 하면 서 있을 때 기분도 별로 안 좋고, 물에 늘 젖어 있는 듯한 느낌이 듭니다. 그래서 특별한 경우가 아니면 바닥을 수평으로 하고, 하수도 구멍을 두지 않는 쪽으로 디자인합니다. 욕조 쪽에서 물만 잘 차단해주면 되거든요.

최근에 나타나는 추세 중에 또 하나는 화장실을 둘로 나누는 겁니다. 화장실에 들어가면 세면대가 있고 변기가 있죠. 그게 기본적으로 화장실의 구성이라고 생각합니다. 그런데 사실은 그렇게 만들어진 것도 얼마 안 된 겁니다. 1970~80년대에 들어서 아파트라는 게 도입이 되었고, 아파트의 화장실이 대부분 그러한 형태였습니다. 그래서 이러한 형태를 너무나 자연스럽게 받아들이죠. 문 열면 변기가 보이고 옆에 세면대가, 제일 안쪽에는 샤워실이 있는 형태요.

일본만 하더라도 공간을 더 효율적으로 사용하기 위해서 세면대가 바깥 복도 쪽에 나와 있는 경우가 많습니다. 일본의 어떤 주택을 보면, 화장실의 변기가 놓여 있는 방이 따로 있고, 세면대는 복도 쪽에 놓여 있고, 샤워하는 방이 따로 있어요. 그러면 세 명이 동시에 각각 다른 기능을 하는 공간을 사용할 수 있는 거죠. 이 모든 것을 하나의 공간에 넣어야 한다는 고정관념을 탈피할 필요가 있습니다. 만약 좁은 공간에 욕실과 화장실을 지어야 한다면 세면대만 바깥으로 빼도 공간이 훨씬 효율적으로 쓰입니다. 사람이 이동하는 공간인 복도는 거의 안 쓰는 공간이기 때문에 거기서 손을 씻고, 변기는 따로 두고, 이렇게 나눠 쓸 수가 있죠.

마지막으로는 지붕입니다. 여러분이 나중에 주택을 짓게 되면, 결정해야 하는 가장 중요한 것 중 하나가 지붕의 형태입니다. 평평한 지붕으로 할 것인지, 경사진 지붕으로 할 것인지 정해야 합니다. 여러 방면으로 생각을 해봐야 합니다. 주변 상황과 여러분의 가족이 원하는 공간에 맞추어 결정해야 하는 부분이죠.

저는 주택이 우리에게 주는 가장 큰 장점 중 하나가 평평한 천장이 아닌 공간에 살아보는 일이라고 생각합니다. 경사진 천장에 사는 것은 아파트에서 사는 사람들은 절대로 할 수 없는 경험이에요. 그렇기에 어느 한 부분만은 꼭 경사진 지붕을 쓰는 게 낫다는 생각을 합니다. 또 하나는 복층 공간이 필요하다는 겁니다. 우리가 일반적으로 건축물의 부동산 가치를 돈으로 환산하는데, 문제는 면적만을 기준으로 판단한다는 점이에요. 늘 35평짜리 아파트다, 평당 5천만 원이다, 평당 3천만 원이다, 이렇게 얘기를 하는데요. 사실 공간의 질을 생각한다면 천장의 높이는 바닥의 넓이만큼이나 중요하거든요. 똑같은 30평이라고 하더라도, 2.4m짜리 천장의 공간과 3m짜리 천장의 공간은 판이하게 다릅니다. 면적뿐만 아니라, 체적(volume)을 관심 있게 봐야 해요.

 한옥 3.0
: 한옥의 새로운 변화

한옥 3.0은 대전 근처에 있는 주택입니다. 왜 한옥 3.0인지 말씀을 드려야 할 것 같은데요. 1세대 한옥은 우리가 생각하는 전통 한옥이고요. 2세대 한옥은 지금 우리가 사는 쓰리 베이(three bay) 아파트라고 볼 수 있죠. 쓰리 베이 아파트의 거실 부분은 옛날 한옥의 지붕을 덮어서 실내 공간으로 만든 거라고 볼 수 있죠. 3세대 한옥은 뒤에 나오는 사진과 같은 모습이라고 볼 수 있습니다.

    이 집에 대해서 설명을 드리기 전에 먼저 한옥에 대해 한번 찬찬히 따져볼 필요가 있을 것 같습니다. 보통 한옥을 멋있다고 생각하죠. 물론 좋습니다. 하지만 요즘에 한옥을 짓는 것은 개인적으로 올바른 선택이 아니라고 생각합니다. 한옥이라고 하는 건, 조선시대 때 가지고 있던 기술력과 경제력, 그리고 그 당시의 여러 사회구조와 환경에 맞춰서 만들어진 건물이거든요.

    한옥의 형태가 어떤 이유로 만들어졌는지 한번 보겠습니다. 일단 기본적으로 목구조입니다. 주춧돌 위에 기둥이 서 있고 대청마루가 올라가 있습니다. 여기에는 이유가 있어요. 우리나라는 벼농사 지역입니다. 벼는 강수량이 1,000mm 이상인 기후에서 재배가 가능한 식물입니다. 그런데 한 해 강수량이 1,000mm 이상이 되면 땅이 물러지기 때문에 벽을 세우기 힘듭니다. 그리고 땅이 젖어 있기 때문에 마루를 땅으로부터 띄워야 합니다. 주춧돌과 대청마루는 이러한 이유 때문에 생겨났다고 볼 수 있습니다.

    그리고 목구조로 짓게 된 것은 나무라는 재료밖에 구할 수 없었기 때문이죠. 나무를 젖은 땅에다 바로 박으면 기둥의 뿌리가 썩으니까 주춧돌을 놓고 그 위에 기둥을 세우고 대청마루를 높인 거죠. 그리고 기둥과 기둥 사이는 지푸라기와 진흙으로 막았어요. 그런데 비가 많이 내리면, 물에 씻겨나가니까 처마를 길게 뽑은 겁니

한옥 3.0. 전경 ⓒ박영채

다. 처마를 길게 뽑으니, 서까래가 나올 수밖에 없고요. 그러다 보니 자연스럽게 단청 같은 게 발달한 거죠. 거기에 툇마루를 만들기도 하고요.

그다음에 한 칸 한 칸의 크기로 만들어진 이유는 그 당시에 교통수단이 소달구지밖에 없었고, 장정 열 명이 옮길 수 있는 통나무의 크기에 한계가 있었기 때문입니다. 그렇게 생각해보면 우리 한옥의 한 칸 정도의 크기가 나오는 겁니다. 큰 집이 필요하면 그 칸을 반복해서 옆으로 늘리는 거죠. 물론 경우에 따라서 경회루처럼 왕이 쓰는 공간 같은 경우에는 소 몇십 마리를 이어서 큰 나무를 갖고 온 다음 기둥을 세웠겠죠.

하지만 기본적으로 한옥 주택은 그 당시의 교통수단, 기술력, 동원 가능한 인력, 기후에 의해서 만들어진 거예요. 그러니까 그걸 지금 쓸 필요는 없습니다. 지금은 건축재료도 바뀌었고, 새로운 기술도 많이 나왔습니다. 재료와 기술이 발전한 만큼 새로운 것을 해야 하는 거죠. 그리고 한옥같이 1층 형태인 건물로 지었다가는 농사 지을 땅이 거의 안 남아요.

그래서 중요한 것은 한옥의 고유한 장점과 특징을 가져오는 일

한옥 3.0.의 앞마당 ⓒ박영채

입니다. 그럼 한옥의 특징이 무엇일까요? 제가 보는 관점에서 한옥의 가장 큰 특징은, 방에서 방이 보인다는 점입니다. 방과 방 사이가 외부 공간이나 다른 큰 공간으로 연결되어 있습니다. 안방에서 문을 열면 마당이 있죠. 그리고 마당 건너편에 사랑방이 있는데 사랑방의 창문을 열어놓으면 안방에서 사랑방의 안이 보입니다. 안방에 앉아 있으면 사랑방에 앉아 있는 사람이 보이는 거죠. 그리고 방과 방 사이에는 대청마루가 있습니다. 안방과 사랑방 사이에는 마당이 놓여 있고요. 즉 외부 공간이나 공용 공간이 방과 방 사이에 있는 거죠. 그래서 사람들끼리 떨어져 있어도 소통할 수 있고 함께 있다는 느낌이 드는 겁니다.

한옥 3.0에서도 이러한 부분을 염두에 두었습니다. 우선 마당이 있고요. 1층에는 할머니와 할아버지가 생활하는 방이 있고, 2층에는 아이들이 쓰는 방과 부모가 쓰는 방이 있습니다. 그리고 아이들이 쓰는 다락방이 따로 있고, 손님용 게스트룸이 하나 있어요. 게스트룸하고 다른 방 사이에는 대청마루가 놓여 있고요. 1층과 2층 사이에는 소통이 있어야 하므로 복층 구조를 적용했습니다.

2층짜리 집인데 복층 공간이 없는 경우가 종종 있어요. 잘못된 설계라고 생각합니다. 어떻게 해서든지 그런 공간을 만들어줘야 합니다. 그래야 1층에 사는 사람하고 2층에 사는 사람이 서로 소통하고 시각적인 관계를 갖게 됩니다. 그걸 막아버리는 건, 아파트 두 개에 따로 사는 거나 마찬가지입니다. 주택에 사는 의미가 별로 없는 거죠.

물론 복층 구조를 만들거나 다락 같은 아기자기한 공간을 만들면 당연히 공사비가 올라갑니다. 아무래도 표면적이 늘어나니까요. 아마 이런 거 다 줄이면 공사비가 많이 낮아지겠죠. 그런데 한번 생각해보세요. 앞으로 수십 년 동안 그 집에서 사는 사람들의 관계를 결정하는 문제예요. 창호 면적이 늘어나니까 중정은 설치하

한옥 3.0의 내부 모습. 박공지붕과 복층을 이용해 공간을 다양하게 구성했다. ⓒ박영채

지 말아야겠다, 이럴 수도 있는데요. 정 어려운 경우가 아니라면 재고할 필요가 있습니다. 제일 잘못된 의사결정이 뭐냐면, 그냥 단순하게 박스형으로 집을 만든 다음 대리석 깔고 엄청나게 비싼 샹들리에 거는 거예요. 그런 데다 돈 쓰지 마시고요, 마감재를 노출콘크리트 같은 간단한 것을 쓰더라도, 공간 구성 자체를 좋게 만들어야 합니다. 재료에다 돈을 쓰지 말고요, 공간 구성을 만드는 데 돈을 써야 돼요.

한옥 3.0의 옆집과 바라보는 대청마루에는 통으로 창문을 만들었습니다. 옆집 마당을 내려다볼 수 있게 하려는 의도였습니다. 하지만 지금은 옆집에서 민원을 제기해 창문을 막은 상태입니다. 일반적으로 대청마루라고 하면 앞마당과 뒷마당을 동시에 볼 수 있는 공간이에요. 그런데 우리의 현재 주택에서는 뒷마당을 만들기에는 땅이 부족하잖아요. 그럴 때는 옆집 마당을 내 뒷마당처럼 생각하고 쓸 수 있는 거죠. 이를 차경(借景)이라고 합니다. 다른 곳의 경치를 빌려오는 거죠. 다른 사람의 경치를 빌려오는 건데, 대청마루를 여기에 놓음으로써 옆집의 아름다운 정원을 내 뒷마당이다 생각하고 볼 수 있고, 또 내 앞마당도 볼 수 있는 거죠. 같은 50평 크기의 집이라고 하더라도, 공간 배치를 어떻게 하느냐에 따라서 더 넓어 보이기도 하고 더 좁아 보이기도 합니다.

 쌍달리 하우스
: 대지에 대한 고려가 중요한 이유

이번 사례는 쌍달리 하우스인데요. 녹지지역에 20%의 건폐율로 지어진 건축물입니다. 이 주택은 주변에 농지가 있고 산이 좋은 지역에 있어요. 건축주는 은퇴한 시장이었는데, 사모님이 몸이 편찮아서 요양을 목적으로 집을 지었습니다. 이 분이 풍수지리에 관심이 많아서, 땅을 살 때부터 풍수지리를 잘 보는 유명한 스님과 같이 땅을 봤다고 합니다. 그래서인지 풍수지리적으로 제약이 많았어요. 예를 들어서, 중간에 바위가 있는데 식당은 꼭 바위 앞에 놔달라고 하고, 거실은 골짜기를 바라봐야 하고, 이런 식이었습니다. 그분이 평면도도 그려 왔어요. 건축가로서 도저히 용납이 안 되는 도면이었어요. 저희는 90°를 좋아하거든요. 직각으로 딱딱 떨어지는 형태죠.

사실 저는 개인적으로 이런 형태의 평면도를 해본 적이 한 번도 없었어요. 근데 재미있는 점은 이 분하고 작업을 한 다음 제 디자인 스타일이 좀 바뀌었다는 거예요. 좋은 설계의 경험은 이런 것입니다. 가령 제가 고집하는 스타일이 있을 거 아니에요. 그런데 건축주가 저와 다른 걸 요구해요. 학교 다닐 때도 그런 경우가 많습니다. 내가 디자인하고 싶은 건물은 이런 모양인데, 교수가 바꾸라고 자꾸 얘기하는 거예요. 그런데 학기가 끝날 때쯤에는, 그 사람도 만족하고 저도 만족하는 제3의 답을 찾는 경우가 있습니다. 그럴 때 그만큼 성장을 한 거죠. 또 건축가 입장에서 봤을 때, 어떤 말도 안 되는 제약이 있을 때 변종이 생겨납니다. 새로운 아름다움이 창조되는 거죠. 그 제약이 사선제한일 수도 있고 부족한 예산일 수도 있고, 제 경우처럼 건축주의 고집일 수도 있어요.

어쨌든 이 집의 평면도는 풍수지리 때문에 만들어진 평면도였

쌍달리 하우스. ⓒ박영채

어요. 어떻게 하면 건축주도 만족스럽고 저도 만족스러운 건물을 지을 수 있을까 고민하게 되었습니다. 평면도는 최대한 건축주를 따르고, 그 상태에서 입면도만이라도 우리가 원하는 쪽으로 정했습니다. 그런데 재미없게 집을 지을 수는 없으니까, 그리고 집이 여러 채로 분산되어 있으니까, 한 채는 일반적으로 우리가 생각하는 박공지붕 형태면서, 캔틸레버(cantilever)를 사용해서 집이 거꾸로 세워져 있는 형태로 만들었습니다. 형태는 기본적인 박공지붕 형태지만 그걸 재구성해서 집을 만들자, 이렇게 시작을 했습니다.

여기서 캔틸레버는, 한국말로는 외팔보라고 하는데요. 나뭇가지를 생각하시면 돼요. 줄기에서 나뭇가지가 뻗어 나와 있잖아요. 그런 형태입니다. 팔을 하나 뻗으면 어깨 쪽에는 붙어 있는데 손 쪽은 떨어져 있죠. 이런 게 캔틸레버예요. 그리고 팔이 밑으로 안 떨어지는 이유는 근육이 이걸 잡아당기고 있어서죠. 케이블로 당길 수도 있고, 밑에 철골구조의 압축력으로 버틸 수도 있습니다. 어떤 구조적인 힘에 의해서 고정되는 거죠.

또 하나 겪었던 일은, 건축주가 저희가 만든 도면을 구글 지도에 얹어보는 거예요. 그러더니 3° 정도 틀어졌다고 바꿔달라고 했어요. 정말 정교하신 분이죠. 다른 요청은, 배우자가 황토방에서 건강하게 있어야 한다고 하셨습니다. 아궁이로 불을 땔 수 있게 안방을 만들었어요. 그리고 창고와 차고가 있고요.

단순한 형태지만 가장 큰 특징은 목구조라는 점이에요. 건축주가 건강한 집을 지어야 한다고 요구해서 철골구조나 콘크리트 구조는 피했습니다. 목구조는 두 가지 종류가 있어요. 하나는 중량 목구조, 또 다른 하나는 경량 목구조입니다. 중량 목구조의 대표적인 예는 한옥입니다. 나무 기둥과 대들보가 있고 굵은 나무들로 나머지 부분을 채워 넣는 방식이죠. 경량 목구조는 미국식 주택을 생각하면 돼요. 각목으로 쭉 세워서 만드는 방식입니다. 각각 일장일단이 있는데요. 경량 목구조는 빨리 지을 수 있지만, 구조적으로 정확한 계산값이 없습니다. 못질을 해서 짓는 거고, 거기에 본드로 칠하는 거라 아무래도 그럴 수밖에 없죠.

철근콘크리트로 집을 지으면 정확하게 구조 계산이 나와요. 실험을 통해 정량화한 값이 있기 때문에 '레미콘에 이 정도 양의 철근을 넣으면 이 정도 강도가 나온다' 하는 계산이 나오지만, 경량 목구조는 어느 정도의 힘을 받는지 정확하지 않습니다. 그래서 2층 이상은 좀 위험하죠. 그 정도가 되면 중량 목구조를 권하는 경우가 많습니다. 일본에서 나온 데이터가 있기 때문에 중량 목구조는 구조적으로 계산이 가능해요.

물론 경량 목구조가 빨리 지을 수 있고 집도 예쁩니다. 왜냐하면 중량 목구조는 원하지 않는 부분에 기둥이 들어가야 하는데, 경량 목구조는 벽이 구조체를 받치고 있기 때문에 그럴 필요가 없습니다. 면적의 손실도 적고요. 벽의 두께도 얇고, 짓자마자 들어갈 수 있습니다. 특히 냄새가 정말 좋아요. 이건 제가 미처 몰랐던 건데, 냄새가 무척 좋습니다. 나무 냄새가 나는 게 콘크리트로 지은 집 하고는 비교할 수 없는 느낌이 들죠.

그리고 맨 처음에 접견실을 낮게 짓자고 했어요. 아무래도 세워져 있는 형태의 디자인을 한 것이니까, 천장 부분만 높게 만들려고 했거든요. 그런데 건축주가 정치를 했던 분이라 손님이 많이 오나봐요. 호화주택으로 걸린다고 높이를 좀 낮추자고 했어요. 지금 돌이켜보니 낮추기를 잘한 것 같습니다. 그리고 낮춘 다음에 위의 공간이 아까워서 서재를 추가로 넣었어요. 목구조로 했을 때 좋은 점은 바로 이런 점인 것 같습니다. 공사하면서 도중에 손쉽게 수정할 수 있어요. 조금만 보강을 하면 되죠.

사이트의 특징 중 하나로, 앞에 폭 30cm 정도 되는 개울이 흐르고 있었습니다. 그 물을 어떻게 처리할지 고민이 많았습니다. 차라리 연못을 깨끗하게 하나 만들고, 그 연못의 물이 넘쳐서 아래로 흘러가게 하면 항상 깨끗한 물을 쓸 수 있을 것이라고 생각했는데요. 건축주들은 대개 관리하기 힘들어서 연못을 만드는 걸 꺼려하는데, 여기는 꼭 만들자고 했습니다. 그 이유는 이미 여기에 개울이 흘렀던 점이 있고요. 또 하나는 연못을 놓게 되면 연못이 경치를 반사합니다. 경치가 연못에 반사되어서 멀리 있는 풍경이 내 거실에 가깝게 들어오는 효과가 있어요. 그런 이유로 수공간을 적절히 이용하는 게 건축 설계에서 무척 중요한 부분이기도 합니다.

건축에선 코너를 어떻게 처리하느냐가 중요한데요. 경치가 좋은 곳에 가게 되면 어떻게든 자연경관을 안으로 들어오게끔 하고 싶죠. 한데, 만약에 이 경치에다가 창문을 그냥 사각형 모양으로 넣었다고 해보세요. 그러면 액자처럼 보이는 거죠. 이처럼 L자로 뚫게 되면 개방감이 더해집니다. 한편 L자로 창문을 뚫으면 창의 프레임을 코너에 두게 되는 경우가 많아요. 문제는 틀을 코너에 두게 되면 그런 개방감이 줄어든다는 점입니다. 그래서 저희는 창틀을 20cm 안으로 들이고 그 부분은 프레임 없이 유리로만 꺾어지도록 했습니다. 개방감이 훨씬 크죠.

보통 건축을 할 때는 일단 사이트를 고려합니다. 사이트에 대한 파악이 끝나면 배치 계획으로 이어집니다. 그게 평면 계획으로 나오고, 단면 계획으로 나오고, 맨 마지막 순간에 가서는 디테일까지 나와야 하는 거예요. 디테일에서 창틀이 굉장히 중요한 역할을 하고요. 또 하나는 손잡이를 1자 모양으로 할 것인지 동그라미 형태로 할 것인지, 슬라이딩 도어로 할 것인지 스윙 도어로 할 것인지, 이게 큰 차이를 가져와요. 자주 들락날락할 때는 스윙 도어로 해야 됩니다. 슬라이딩 도어는 보통 대부분의 시간 동안 열어놓아도 되는 공간에 씁니다. 슬라이딩 도어를 벽 안에 넣어서 안 보이게

끔 처리하는 거죠. 예를 들어 옷방과 안방의 차이를 들 수 있습니다. 쌍달리 하우스의 경우에는 화장실에서 옷방으로, 옷방에서 안방으로 가는 공간이 슬라이딩 도어로 되어 있습니다. 반대로 자주 오가고 문을 닫아야 하는 공간은 스윙 도어로 했습니다. 그런 부분을 세세하게 하나하나 결정을 해야 합니다.

제가 우리나라 아파트의 가장 큰 문제점으로 생각하는 두 가지가 있습니다. 하나는 모든 문이 다 스윙 도어로 되어 있다는 거

쌍달리 하우스와 주변 경관. 수공간을 만들고 전면 창을 두어 개방감을 더했다. ⓒ박영채

예요. 그게 소리를 차단하는 데는 좋습니다. 확실히 잘되죠. 그런데 문이 항상 닫혀 있는 것 같은 느낌이 듭니다. 닫혀 있는 상황이 전제된 것이나 마찬가지니까요. 그러니까 집이 더 좁아 보이는 거죠. 또 하나는 창문이 거실 쪽으로 안 나 있다는 점입니다. 아파트의 모든 창문은 바깥쪽을 향해 있어요. 우리가 한옥을 보면, 한옥은 창문이 방끼리 마주 볼 수 있게 되어 있어요. 사랑방에서 창문을 열고 안방에서 창문을 열면 서로 볼 수 있는 형태죠. 방과 방이 시각적으로 소통할 수 있는 관계를 갖고 있는 것입니다. 반면에 아파트는 방에 들어가면 가족끼리 대화와 소통이 단절될 수밖에 없는 구조입니다. 얼굴 보려고 거실에 나온다고 해도 텔레비전을 보게 되죠. 마주 보지 않고요. 지금의 아파트 구조에서는 대화를 하는 가족이 만들어지기가 힘들어요. 조선시대의 집들이 위계가 강하고 사람들을 통제하고 억압하는 공간이라고 생각하잖아요. 그런데 실제로 평면도를 자세히 보면, 상당히 개인의 사생활을 존중하고 있는 구성이라고 볼 수 있습니다.

    아까 이 집의 콘셉트 중의 하나가 박공지붕이 서 있는 듯한 느낌이 드는 거라고 말씀드렸는데요. 공사 중에 없앴습니다. 공사를 하다 보면 건축가가 예상하지 못한 일이 생깁니다. 감리를 반드시 설계한 사람한테 맡겨야 하는 이유가 여기에 있습니다. 요즘에는 다양한 도구들이 발달해서 컴퓨터 시뮬레이션을 돌려 안팎을 둘러보고 모든 요소를 확인하며 만들거든요. 그럼에도 불구하고 예상치 못한 변수가 발생합니다.

큰 프로젝트에서는 드론을 띄워서 각각의 시점에서 경치가 어떻게 보이는지 체크를 하는데, 사실 건물을 짓기 전에는 이 건물에서 주변 경관이 어떻게 보이는지 파악이 잘 안 되거든요. 건물을 짓는 도중에 2층에 올라가 봤는데 거기서 내려다본 풍경이 너무 예쁜 거예요. 그래서 창문이 있어야겠다는 생각을 했습니다. 목구조는 중간에라도 원하는 부분에 창문을 내면 되거든요. 반면 콘크리트 구조라면 일단 콘크리트를 친 다음에는 새로 뚫기가 힘들죠.

그런데 그때는 목구조 공사가 한창 진행되고 있는 상황이었습니다. 시공회사는 싫어할 게 뻔하죠. 공사가 변경되고 공사비가 늘어나니까요. 이럴 때 일종의 트레이드가 이루어집니다. 저희가 원래 계획한, 박공지붕이 서 있는 듯한 느낌으로 만드는 게 시공상 굉장히 어려운 형태예요. 구조적으로 힘을 받으면서 안정적으로 서 있어야 하니까요. 시공사 쪽에서도 요청이 왔었어요. 그 부분이 어떻게 조정이 안 되겠느냐고요. 그때 이제 트레이드를 하는 거예요. 지붕을 평평하게 할 테니 대신 창문을 만들어 달라고 했습니다. 이런 식으로 건축가와 시공사와 건축주가 중간에 협의하고 조정을 하면서 설계가 조금씩 바뀌는 경우가 있습니다. 결과적으로, 맨 처음 콘셉트였던 집이 서 있는 듯한 느낌은 좀 없어지긴 했지만, 대신

쌍달리 하우스. ⓒ박영채

에 안쪽에서 바깥을 볼 때 경치가 무척 좋아졌어요. 말씀드렸듯이 건축에서는 바깥에서 어떻게 보이느냐보다 내부에서 외부를 바라보는 게 중요한 요소이기 때문에, 바꾸길 잘했다고 생각합니다.

이렇듯 매주 현장에 가서 보면, 순간순간 크고 작은 의사결정 사안들이 나옵니다. 그리고 그것은 최초의 디자인 콘셉트와 조화를 깨지 않는 선에서 결정되어야 합니다.

여기서 건축 설계를 할 때 프로그램의 디테일한 부분을 잠깐 이야기할 필요가 있을 것 같습니다. 한옥과 아파트 간 평면도의 차이처럼, 창문이 어떻게 뚫려 있는지에 따라서 인간관계의 양상이 달라집니다. 마찬가지로 공간의 관계도 건축적 요소에 의해서 결정이 되는데요. 지금 저희가 강의실이라는 하나의 공간 안에 있습니다. 하나의 큰 방이죠. 이 안에서 여러분과 저는 하나로 되어 있습니다. 그런데 가운데 벽이 하나 있다고 칩시다. 그러면 두 개의 공간으로 나누어지게 되죠. 서로 소통이 불가능하죠. 그런데 거기에 제가 창문을 하나 뚫어요. 그러면 여러분과 제가 서로 쳐다볼 수 있는 공간이 되는 거죠. 여기서 더 나아가서 구멍을 바닥까지 뚫어요. 그러면 문이 되죠. 문이 만들어지면 서로 오갈 수 있는 공간이 되고 보다 적극적인 관계가 이루어집니다.

이처럼 벽이 어떻게 되어 있는지에 따라 공간에 있는 사람들 사이를 단절할 수도 있고, 서로 소통할 수 있게 만들기도 합니다.

창문이면 시각적으로 소통을 가능하게 하고, 문이면 오갈 수 있는 관계를 만드는 거죠. 계단도 마찬가지입니다. 계단이 만들어지면 서로 오갈 수 있게 되고, 만약에 계단 대신 램프(ramp, 높이가 다른 두 도로·건물 등의 사이를 연결하는 경사로)를 만들면 더 자연스럽게 오갈 수 있는 거죠. 건축의 요소 하나하나는 모든 공간의 관계를 컨트롤합니다. 이런 점에 대한 고려가 중요합니다.

사이트에 대한 이해가 중요한 이유는, 그 자리에 건물이 어떤 형태로 들어서느냐에 따라서 주변의 모든 관계가 재정립되기 때문입니다. 그런 의미에서 건물을 짓는 일은 일종의 오케스트라 지휘자가 되는 것과 비슷하죠. 그 공간과 주변의 모든 관계들을 오케스트레이션(orchestration)해서 새로운 관계로 만드는 것이죠. 사실 이것이 건축에서 제일 중요한 포인트입니다.

아르누보 양식으로 되어 있느냐, 그리스식으로 기둥으로 되어 있느냐, 이게 중요한 게 아닙니다. 건물이 거기에 생김으로 인해서 그 건물과 주변 건물의 관계가 어떻게 바뀌느냐, 사용자끼리의 관계가 어떻게 될 것이냐, 이런 부분을 봐야 합니다. 집을 예로 들어볼게요. 중정을 둠으로써 방들이 서로 바라보는 관계를 만들 것인지, 아니면 밖으로 큰 창을 내서 바깥 경치가 탁 트여 보이게 할 것인지, 옥상을 둬서 주변을 내려다볼 수 있게 할 것인지, 이런 차이에 따라 다른 관계들이 만들어집니다.

좁아 보이는 공간, 넓어 보이는 공간

일본에 아사히야마 동물원(Asahiyama zoological park)이 있습니다. 이 동물원에서 펭귄 수조를 디자인하는데, 실제로는 좁은 공간이 펭귄한테는 넓게 느껴지도록 만들고 싶었어요. 그래서 어떻게 만들었느냐면요. 수조를 도넛 형태로 만들었어요. 만약에 10t이라는 물이 들어갈 크기의 펭귄 수조를 만든다고 했을 때, 실력 없는 사람은 10t짜리 사각형 수조를 만들었을 거예요. 반면에 이 수조는 펭귄들이 안에서 계속해서 순환할 수 있습니다. 실제로는 좁은 공간 안에 있지만 체감상으로는 훨씬 넓게 느껴지는 거죠.

모든 공간은 두 가지로 보면 됩니다. 이동하는 공간과 정주하는 공간으로 봐야 돼요. 가급적이면 이동하는 공간은 최소한으로 만드는 게 좋은 거죠. 그래야 같은 면적이더라도 그만큼 정주하는 공간이 넓어지는 거죠. 복도의 폭을 최소한으로 하면 85cm까지도 가능합니다. 그 정도면 충분히 지나다닐 수 있거든요.

애도 빌려 쓰고 쟤도 빌려 쓰고, 이를테면 복도로도 쓰고 서재로도 쓸 수 있도록 공간을 만드는 게 좋은 디자인입니다. 같은 공간을 여러 가지 용도로 쓸 수 있게끔 만들어주는 거죠. 또한 남는 면적을 다른 용도로 쓸 수 있게 만들어서 집을 더 넓게 쓸 수 있도록 하는 거죠. 요즘에는 화장실을 두 개로 쪼개는 경우가 많습니다. 화장실에는 보통 문 열고 들어가면 변기, 세면대, 욕조가 있잖아요. 일본 사람들이 잘 쓰는 기법인데 세면대는 복도 쪽으로 빼는 거예요. 화장실은 하루에 30분밖에 안 쓰는데 화장실 안에 들어가 있어서 불필요하게 낭비되는 부분을 줄이자는 거죠. 세면대를 복도 쪽으로 놓음으로써 복도에서 양치질을 할 수도 있게 하는 겁니다.

시퀀스가 있는 공간

저는 개인적으로, 어느 정도는 떨어져 있으면서도 어느 정도 관계를 맺게끔 컨트롤하는 것이 건축가의 역할이라고 생각합니다. 한옥 3.0 같은 경우에는 현관이 특이한데요. 좁은 게이트처럼 되어 있습니다. 그리고 작은 창이 하나 있고요. 이런 걸 전이 공간이라고 합니다. 여러분이 A라는 공간에서 B라는 공간으로 넘어갈 때, A와 B 사이에 뭔가 또 다른 제3의 공간을 넣어주는 거죠. 그러면 그 다음 공간이 더 특별하고 중요한 공간처럼 느껴지게 됩니다.

　예를 들어서 회장님의 방을 간다고 하면, 그 방 앞에 비서실이 항상 있어요. 비서실을 거쳐서 그 방에 들어가게 되죠. 그렇기 때문

한옥 3.0의 외부 모습. 현관을 통해 외부와 내부에 구분을 주었다. ⓒ박영채

에 회장님의 방이 더 중요하게 느껴지는 거거든요. 이 경우에도 도로에서 마당으로 올라가는데, 일단 마당의 높이가 조금 높습니다. 높이의 차이가 있기 때문에 계단을 올라가면서 새로운 느낌을 받는데, 그걸 더 극대화하기 위해서 이렇게 좁은 지붕으로 덮은 게이트를 만든 거죠. 일종의 비서실인 거죠.

그러니까 이런 공간을 어디에, 어떤 시퀀스로 넣을 것이냐가 무척 중요합니다. 우리가 어떤 공간을 디자인할 때 그 공간에 정지

한 모습도 중요하지만, 거기로 가기까지의 과정이 중요해요. 어떤 과정과 어떤 공간을 거쳐서 들어가느냐에 따라 완전히 다른 의미의 공간이 됩니다. 자금성에서 황제가 있는 곳은 가장 안쪽의 가운데입니다. 거기까지 가기 위해서는 해자(垓字)를 넘어야 하고, 경비실을 지나서, 다리를 건너고, 계단을 올라가야 합니다. 이런 복잡하고 긴 과정을 거친 다음의 느낌과 아무것도 없는 상태에서의 느낌은 완전히 다릅니다. 즉 어떤 공간을 의미 있게 만들려면 그 공간까지 가는 시퀀스를 어떻게 만들 것이냐가 중요합니다.

아이들이 쓰는 다락방에는 집 내부로 향하는 창문이 있습니다. 조그마한 창문을 둬서 시각적으로 계속해서 관계를 맺게끔 하는 거죠. 아파트에서는 가족들이 대화가 단절된 상태에 사는데, 공간 구조 자체가 그렇게 될 수밖에 없어요. 창문이 바깥쪽으로만 놓여 있고, 중심 공간이라고 할 수 있는 거실 쪽으로는 없기 때문에 자기 생활의 프라이버시를 유지한 상태에서 다른 사람과 소통할 수 있는 장치가 하나도 없는 거예요. 그리고 꼭대기 층에 아이들 방을 둔 이유는, 어떻게 보면 가족의 위계로 봤을 때 밑에 있는 게 애들인데, 애들의 방을 제일 위에 둠으로써 아이들이 부모님과 조부모님을 내려다보는 시점을 가지게 하는 거죠. 순환형의 권력구조라고 할 수 있습니다.

제가 몇 개의 작품을 설명해드렸는데, 가장 관심 있게 보는 것은 시각적 관계입니다. 제가 바람직하다고 생각하는 것은 시각적으로 관계를 갖고 있는데 가려면 뺑뺑 돌아서 가는 형태예요. 대체적으로 설계를 하면 패턴이 그렇게 나옵니다. 더 넓게 느껴지고 더 멀리까지 보이는 거죠. 내 공간은 작더라도 다른 공간을 빌려서 쓸 수 있게 하는 겁니다.

실패하지 않는 내 집 짓기를 위한
Check List

✔ 대지의 특성과 관련 법규를 자세히 따져보자.
✔ 복도, 현관, 계단처럼 오래 머물지 않는 요소에 얼마만큼의 면적을 할당할지 따져보자.
✔ 면적뿐만 아니라 체적을 고려하자.
✔ 공간과 공간 사이의 시각적 관계를 만들어보자.
✔ 공간 간의 시퀀스를 만들어보자.

유현준 교수

4장

공사의 과정과 비용, 적산과 견적 꼼꼼히 따져보기

김양길 대표

그럼 건축주로서 어떤 부분을 유의해서
체크해야 할까요. 사실 자기 집을 짓는 일은 물건을
사는 데 쓰는 돈으로 치면 인생에서 가장 큰돈을
쓰는 일이라고 볼 수 있죠.
그만큼 이 행위에 대해 합리적으로 따져볼 수 있는지,
그 여부가 중요하다고 생각합니다.
가령 가방을 살 때 지퍼가 제대로 있는지,
어떻게 메는 형태인지, 재질이 무엇인지 확인하듯이,
건축에 대해서도 어느 정도 알아야 한다는
말씀을 드리고 싶어요.

　제 강의는 아무래도 현실적이고 딱딱한 얘기가 될 것 같습니다. 공사와 관련해서 필수적으로 알아야 하는 시공 전반에 관한 내용과 견적과 비용에 관한 이야기를 하려고 합니다.

　일단 건축 공사는 어떻게 구성이 되는지 설명을 해볼까 합니다. 건설사 하면 주로 연상되는 단어들을 나열해봤는데요. 집 짓다가 십 년 늙는다, 먹튀, 이유 없는 추가 공사, 사기꾼, 하자와 누수, 뒤통수, 돈 다주면 보수 안 해준다더라······. 사실 이것보다 더 많겠지만 이 정도로 꼽을 수 있을 것 같습니다. 제가 실무를 하면서 만났던 건축주 대부분도 마찬가지로 건축 허가에서부터 일련의 과정을 겪어오며 선입견을 갖는 분들이 90% 이상은 되는 것 같습니다.

김양길 대표

물론 큰돈이 움직이는 일이다 보니 부담이 되기도 하고, 개인이 조 그맣게 운영하는 시공사가 대다수이다 보니 각종 사고가 많습니 다. 지금도 여전히 크고 작은 사고들이 일어나고요. 그 불행이 한 사람의 인생을 바꿀 수 있는 정도의 금액이기 때문에, 이런 이미지 가 생겼다고 생각합니다.

그럼 건축주로서 어떤 부분을 유의해서 체크해야 할까요. 사실 자기 집을 짓는 일은 물건을 사는 데 쓰는 돈으로 치면 인생에서 가 장 큰돈을 쓰는 일이라고 볼 수 있죠. 그만큼 이 행위에 대해 합리 적으로 따져볼 수 있는지, 그 여부가 중요하다고 생각합니다. 가령 가방을 살 때 지퍼가 제대로 있는지, 어떻게 메는 형태인지, 재질이 무엇인지 확인하듯이, 건축에 대해서도 어느 정도 알아야 한다는 말씀을 드리고 싶어요. 품질 대비 합당한 가격을 지출하는 것이 우 리의 목표라고 생각했을 때, 물론 건축이 복잡하지만, 자신이 원하 는 게 무엇인지 정확히 알아야 하며 후회 없는 건축 공사를 위해서 는 공부를 해야 합니다.

 # 공사의 A to Z
: 첫 삽을 뜨는 것부터 입주까지

우선 건축 공사가 이루어지는 순서에 대해 알 필요가 있습니다. 1단계에 있는 것은 건축 허가입니다. 설계를 마친 뒤 구청에서 허가를 받는 일입니다. 허가를 받았으면, 이제 시공사를 선정해야겠죠. 입찰 과정에서 필요한 서류들을 건축가에게 요청합니다. 이 정도는 건축가의 용역 범위에 포함되어 있을 겁니다. 도면은 계획 설계, 기본 설계, 실시 설계가 있습니다. 계획 설계는 내 땅에 지어질 집이 어떤 형태의 디자인인지, 기본적인 자재가 무엇인지 등을 짜는 과정입니다. 그다음에는 기본 설계에 들어가는데 이는 구체적으로 입면, 평면, 단면을 정하는 과정입니다. 그리고 여기에서 더 상세하게 들어가서 창호와 골조가 만나는 부분 등 세세한 부분을 다루는 실시 설계로 나뉩니다. 그리고 타일, 조명, 욕조 등을 고르는데 이에 대한 자세한 정보가 담겨 있는 스펙북(spec book)을 참조합니다.

 사실 여기까지 나와야 건설사가 견적을 뽑을 수 있습니다. 제대로 된 용역비가 나간다고 하면 대부분의 건축가는 여기까지 잘 만들어줄 겁니다. 입찰에 필요한 서류가 정확해야 시공사를 판단할 때 명확한 기준의 역할을 할 수 있습니다. 시공사를 정하는 기준은 다양한데요. 동일한 조건일 때 최저가를 제시한 곳을 선정할 수도 있고, 그간의 포트폴리오가 좋은 시공사를 선정할 수도 있겠죠. 시공사가 선정되면 착공 신고를 하게 됩니다. 신고는 보통 온라인 시스템을 통해서 이루어집니다. 국가에서 운영하는 세움터라는 접속 시스템이 있습니다.

신고 항목에는 시공사 정보, 현장대리인계, 특정공사 사전신고, 비산먼지 유해방지 계획서 등이 있는데요. 이것들을 시공사에서 정리한 뒤 착공 신고를 합니다. 요즘은 이외에도 현장 상황이나 그간 벌어진 사회의 이슈에 따라 첨부해야 할 행위와 서류가 늘어나기도 합니다. 착공 신고가 문제없이 잘 끝나면 이제 공사가 진행됩니다.

이후 건축 공사가 다 마무리되면 이번에는 사용 승인 신청을 할 차례입니다. 구청에서는 승인 신청 의뢰를 받으면 그 지역의 건축사협회에 의뢰를 하고, 협회에서는 건축사를 지정하여 현장을 방문합니다. 특별검사원이라고 해서 흔히 '특검'이라고 부르는데요. 공무원을 대신해서 나오는 거죠. 특검이 이 건물이 도면에 맞게 지어졌는지 확인을 해서 구청에 올리면, 구청에서 최종적으로 사용 승인을 해줍니다. 그리고 건축물대장이 발급되고, 그다음에 내 건물이 되고 등기가 되는 흐름입니다. 허가가 난 뒤에도 처리해야 할 몇 가지 절차가 있는데요. 세금과 관련된 등기 및 취등록에 대한 사항입니다.

공사의 A to Z
: 공사 비용의 구성

이제 비용 부분을 자세히 보도록 하겠습니다. 공사의 전체 비용이 어떤 비율로 나뉘는지에 대해 많은 사람이 궁금해합니다. 공사는 크게는 네 부분으로 나눌 수 있습니다. 골조 공사, 외장 공사, 창호 공사, 내장 공사입니다. 이 네 가지 공사가 전체 공사 비용의 대략 60% 정도를 차지합니다. 이 부분은 바뀔 여지가 많습니다. 그중에 골조 공사와 외장 공사 같은 경우는 건물의 형태가 어떻게 설계되느냐에 따라 공사비가 많이 달라집니다. 그리고 창호 공사와 내장 공사는 건축주가 어떻게 선택하느냐에 따라 많이 달라집니다.

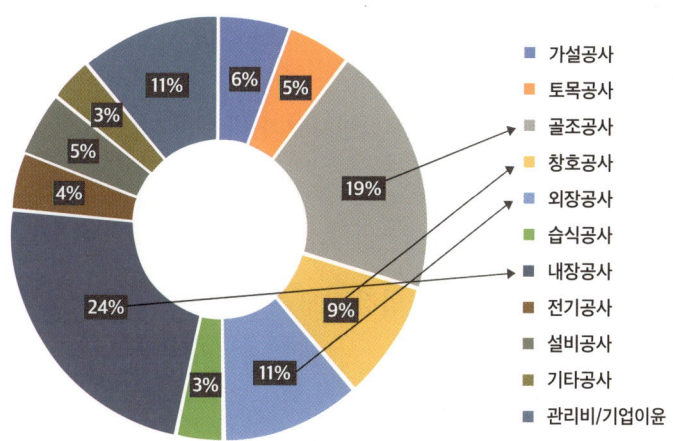

주택 공사 비용의 구성. 골조, 외장, 창호, 내장 공사가 60% 가량을 차지한다.

김양길 대표

사실 이 네 부분 외에는 바뀔 수 있는 여지가 별로 없습니다. 그래서 이런 부분이 계획 단계에서부터 꼼꼼하게 정리가 되어야 합니다. 골조 공사를 예로 한번 볼까요. 건물의 형태가 내중정 형태라면, 마감 면적이 늘어나게 됩니다. 골조 면적, 창호 면적, 외장 면적, 다 늘어나게 되는 거죠. 그런 부분들에 대해서 대략적으로나마 감을 갖고 있는 게 필요합니다. 건축은 상식적인 물리이기 때문에 설계를 하는 과정에서 내가 생각하기에 비쌀 것 같으면 실제 계산도 그렇게 되는 경우가 많습니다.

각각 공사의 소요 기간을 한번 볼까요. 제일 먼저 진행되는 것은 토목 공사입니다. 우선 집을 지을 자리에 건물이 있을 수도 있고, 없을 수도 있습니다. 보통 열흘 정도면 기존의 건물을 부수고 폐기물 반출까지 마무리됩니다. 참고로 요즘에는 안전에 관한 새로운 법들이 많이 생겼습니다. 예전에 녹번동 쪽에서 토목 공사를 하다가 흙막이가 무너져서 사망사고가 발생한 적이 있습니다. 그 후에 굴토 심의라는 게 생겼습니다. 땅을 일정 깊이 이상 파게 되면 심의를 받아야 합니다. 그리고 지하 시설을 철거하다가 사망사고가 일어난 경우가 있어서, 일정 규모 이상을 철거할 때는 심의를 받아야 합니다.

그래서 착공 시에 현장의 제반 상황과 각종 구비서류 제출로 인해 실제 착공 및 토목 공사의 기간이 늘어나는 추세입니다. 저희가 보기에도, 건축주가 답답하게 느낄 만큼 지체되기도 합니다. 그러다 보니까 예전이라면 주택일 경우 한 달 안에 철거하고 토목을 끝낸다는 예상 기간이 심의와 규정에 따라 늘어날 수 있습니다.

골조 공사는 기본적으로 지하층 바닥에 기초를 다진 뒤 벽체를 세워가는 일입니다. 지하층 벽체를 세우고 1층 바닥을 만들고, 1층 벽체를 세우고 2층 바닥을 만드는 식입니다. 그다음에 2층 벽체를 세우겠죠. 기초를 만들고 한 층이 올라가는 데 보통 15일 정도를 잡습니다. 지하 1층, 지상 2층짜리 주택이라고 했을 때 골조 공사에 약 두 달이 소요됩니다. 여기에는 비가 오거나 작업자가 부득이하게 나오지 못하는 상황도 고려했습니다. 그러면 토목 공사에서 한 달, 골조 공사에서 두 달, 여기까지 3개월이 소요되는 상황인 거죠.

그다음에는 창호를 먼저 끼울 것이냐, 외장을 먼저 할 것이냐에 대한 선택이 남는데요. 예전에는 벽돌을 외장재로 썼기 때문에 흔히 골조 공사가 끝난 뒤 벽돌을 쌓고 그 개구부에 맞춰서 창호를 넣는 식으로 진행했습니다. 이러한 방식에는 골조와 벽돌 사이에 물이 없다는 전제가 있습니다. 하지만 지속적으로 비가 온다고 하면 벽돌의 방수 성능이 다하게 됩니다. 빗물이 벽돌을 완전히 적시게 되면 이후에는 안으로 물이 들어오게 됩니다. 그러면 외벽과 내벽 사이의 창호로 물이 새는 경우가 많습니다.

이러다 보니 공사 순서를 바꿔서 하는 경우가 생겼습니다. 창호를 먼저 설치하고 방수를 한 뒤 외장 공사를 하는 거죠. 그러면 공사 기간이 한 달 정도 늘어나게 됩니다. 주택을 기준으로 하면 내장 공사 기간인 3개월을 포함하여 7~8개월 정도가 걸리는 셈입니다. 또 지하층의 유무에 따라 보름 정도의 차이가 생기지요. 간혹 이렇게 묻는 사람도 있어요. 예전에는 다세대주택 4층짜리도 4~5개월이면 지었는데 왜 이렇게 늘어났느냐? 지금은 주택가에서는 일요일에 아예 공사를 못하기 때문입니다. 그럼 한 달에 4일이고 6개월로 하면 거의 한 달입니다. 작업 시작 시각은 8시 이후이고, 8시간 근무가 정착되어감에 따라 예전과 같은 작업량을 맞추기 어렵습니다. 토요일에도 소음이 심한 공사는 못하게 되어 있습니다. 그래서 공사를 실질적으로 4~5개월 안에 마칠 수가 없습니다. 요약하면 일단 지하가 있는 경우는 최소 8개월을 잡아야 합니다. 여기서 허가가 늦어진다면 더 늘어나겠죠. 그런 것도 고려해야 합니다. 게다가 짓는 과정에서 생각이 바뀔 수도 있기 때문에 내 집을 짓는 공사라면 일정을 약간은 여유 있게 봐야 한다고 생각합니다.

한 번은 어느 건축주가 이런 얘기를 했습니다. 설계할 때는 마치 꿈꾸듯 연애를 하는 기분이었는데, 시공을 하니 결혼을 해서 아내랑 사는 것 같다고요. 이제 현실이 된 거죠. 이렇듯 시공 과정에서, 우선 시공사도 열심히 해야 하지만 건축주가 이해하고 보듬어 주어야 하는 부분이 많다는 점을 이야기하고 싶어요. 이런 일이 자주 있어요. 건축주가 묻는 거죠. "날씨 좋은데 작업자들이 왜 안 나왔느냐?" 저는 아침 여섯 시에 비가 와서 작업자들이 안 나왔다고 얘기합니다. 그러면 지금 여덟 시인데 무슨 소리냐고 다시 묻는데, 일하는 사람은 여섯 시부터 준비를 하거든요. 비가 오니까 그날은 공사를 할 수 없다고 생각한 거죠. 이런 경우가 생길 때, 답답한 마음이야 시공사가 더 큽니다. 날마다 비용이 나가니까요. 이런 부분에서 시공사가 겪는 어려움이 많습니다.

 공사의 A to Z : 공정별 진행 과정

그럼 공정별로 건축 공사가 어떻게 진행되는지 한번 보겠습니다. 교량, 터널, 도로 등을 만드는 게 일반적인 토목 공사의 정의인데요. 건축에서의 토목 공사는 조금 다릅니다. 토공사라고 표현하기도 하고 토목 공사라고 표현하기도 하는데요. 토공사는 기초를 만들기 위해 단순히 흙을 치워내는 정도의 수준이라고 보시면 되고요. 토목 공사로 표현하는 이유는 흙막이 때문입니다. 도로와 접하고 있을 때 도로가 무너지면 안 되니까 흙막이를 해야 합니다. 도로의 깊이만큼 흙막이를 해서 흙이 무너지지 않게끔 하는 게 중요합니다. 인접 대지가 있는 경우도 마찬가지입니다. 이럴 때는 건물이 있는 경우와 건물이 없는 경우로 나뉘는데요. 건물이 없다면 넓은 면적을 경사지게 파내는 오픈 컷을 할 수도 있겠죠. 사실 오픈 컷으로 공사가 가능하다면 토목 공사 비용이 많이 내려갑니다. 토목 공사비의 70~80%는 흙막이가 차지합니다.

여기서 또 하나 고려해야 할 부분은 땅속의 상황입니다. 땅속을 모르기 때문에 공사 중에 문제가 생길 수 있습니다. 암(巖)이 발견되거나 물이 나올 수 있죠. 저희도 심지어는 3m까지 문제가 없

본격적으로 건축을 시작하기 전에 흙막이 공사가 필요하다. ⓒ제이아키브

었는데 4m 지점에서 암이 나오거나, 지난달까지는 괜찮았는데 이번 달에는 물이 나온 적이 있습니다. 따라서 이런 일을 미연에 방지하기 위해 지질 조사를 해두는 게 좋습니다. 지질 조사를 두 번(2개소) 정도 하면 이쪽에서는 암이 나올 수도 있고 저쪽에서는 암이 안 나올 수도 있거든요. 만약 암이 나왔다면, 조사를 더 진행해서 어느 정도 위치에 어떻게 있고, 어떤 상태인지도 알 수가 있겠죠. 그리고 대지에서 이와 같은 문제가 생기면 좀 복잡해질 수 있는데요. 인접 대지에서 민원을 제기하기 시작하면 무진동 공사로 가야 합니다. 그래서 대지에 대한 조사를 미리 해놓는 게 좋습니다.

흙막이 방식에는 종류가 많습니다. 방금 말씀드린 오픈 컷, 철골로 된 빔을 세우고 토류판을 대는 토류판 공법, 구멍을 뚫은 다음 그 안에 철근과 콘크리트를 채워 넣는 CIP 방식과 꼬여 있는 철판을 끼워 넣는 시트파일 방식이 있습니다. 토류판 공법과 CIP 방식의 차이를 한번 따져보겠습니다. 아무래도 토류판 같은 경우에는 토류판 뒷부분이 조금 부실해질 수 있습니다. 안쪽이 완전히 다져질 수가 없습니다. 인접 대지가 아주 가까우면 이런 부분이 영향을 줄 수 있습니다. 이런 경우에는 CIP 방식을 택해야 합니다. CIP는 구멍을 뚫고 땅을 건드리지 않은 상태에서 바로 흙막이를 설치하기 때문에 옆집에 영향을 주지 않게 됩니다.

가격의 차이는 3~5배 이상 나기도 합니다. 가령 대지 100평에

50평 크기로 했을 때, 토류판 시공은 비용이 3천 5백만 원에서 4천만 원 정도 나오는데, CIP는 1억 원에서 1억 5천만 원으로 늘어날 수 있습니다. 이런 점 때문에 설계할 때 인접 대지의 상황을 고려하는 일이 중요합니다. 사실 흙막이가 임시시설이잖아요. 건축에 어떤 직접적인 영향을 주는 게 아니라 내 땅에 건물을 올리기 위해서 쓰는 용도이기 때문에 다 끝나고 나면 아깝기도 합니다만, 공사 중 안전을 위한 일이니 잘 챙겨서 진행하는 게 중요합니다.

땅을 파고 나면, 내 땅이 어느 정도의 힘을 받고 있는지가 중요합니다. 땅의 위치에 따라 받는 힘의 정도가 각각 다릅니다. 간단히 생각해봐도 외장재가 몰린 쪽은 무겁고 창이 많은 쪽은 가벼울 테니까요. 그래서 지내력이 안정적으로 확보되어야 합니다. 땅을 파낸 뒤에는 포크레인이 올라가서 아무리 다진다고 해도 한계가 있습니다. 포크레인 무게만큼밖에 다져지지 않기 때문입니다. 주택 규모의 설계에서 요구되는 지내력은요, 현재 사용되는 단위로는 1킬로 뉴턴($1KN/m^2$)이 약 0.1t 정도입니다. 평방미터의 단위면적에 해당되는 무게이며, 일반적으로 주택에서 요구되는 지내력이 150뉴턴(N)에서 200뉴턴 사이인데, 이는 최소 약 15~20t을 버틸 수 있어야 하는 겁니다. 따라서 지내력이 나오지 않는다면 추가 보완 공정이 필요합니다.

이때의 공정은 크게 세 가지 방법이 있습니다. 잡석 치환, 팽이

골조 공사에 들어가기에 앞서 기초를 다지는 공사를 진행한다. ⓒ제이아카이브

기초, 파일 기초입니다. 의문을 가지실 수 있죠. 잡석을 친다고 지내력이 확보되는가? 대부분의 일반적인 땅은 잡석을 20cm 정도 깔면 지내력이 확보됩니다. 물론 경우에 따라 잡석으로도 지내력 확보가 안 되는 땅이 있습니다. 그런 경우에는 팽이 기초를 통해서 지내력을 확보합니다.

여기까지가 토목 공사의 기초가 완료된 거고요. 골조 공사가 들어갈 차례입니다. 그전에 가설 공사에 대한 설명을 짧게 하고 가는 게 좋을 것 같습니다. 가설 공사는 공사를 시작하기 위한 제반 시설을 설치하는 공사를 가리킵니다. 비계(飛階), 컨테이너, 화장실을 두는 일입니다. 과거에 벽돌을 쌓아 구조로 쓰는 것을 벗어나 요즘에는 철근콘크리트 골조 공사가 대부분을 차지합니다. 그 외에 일부는 경량 목구조, 중량 목구조, 철골구조인데요. 대부분 고층 건물에서는 콘크리트를 쓰게 되어 있습니다.

제가 건축 관련 텔레비전 프로그램을 보는데 거기서 이런 얘기를 하더라고요. 자연에서 추출된 석회암, 즉 콘크리트가 철근과 수축·팽창 계수가 같대요. 만약 수축·팽창 계수가 달랐다면 많은 문제가 생겼겠죠. 특히 우리나라는 겨울에 영하 20℃까지 떨어졌다

기초 공사가 마무리되면 골조 공사에 들어간다. ⓒ제이아키브

가 여름에 35℃까지 올라가는데, 콘크리트와 철근의 수축·팽창 계수가 달랐다면 그 60℃ 가까이 되는 차이를 견디지 못했을 겁니다. 그런데 절묘하게도 그게 딱 맞아떨어지는 거예요.

그렇기 때문에 우리나라가 전 세계적으로 콘크리트 고층 건물이 많을 수밖에 없는 것이기도 하죠. 사실 북유럽이나 북미 쪽에는 콘크리트가 별로 없어요. 생산하기가 쉽지 않습니다. 수요도 많지 않고요. 북유럽은 목조주택이 많습니다. 거기는 워낙 소나무를 손쉽게 구할 수 있기 때문에 그걸 건축문화로 가져가는 거죠.

철근콘크리트 공사에서 중요한 것은 철근을 올바르게 시공하는 것입니다. 철근이 꽤 비쌉니다. 지금은 1t당 약 70만 원 정도입니다. 주택 하나 짓는 데 총 30t 이상이 들어가기 때문에 그중에서 10%만 따져도 200만 원이 넘는 금액입니다. 따라서 기준에 맞는 개수의 철근이 정확하게 설치되어 있는지 검사하는 게 중요합니다.

그리고 원칙대로라면 콘크리트 강도 테스트를 해야 합니다. 콘크리트 고깔 같은 거를 보내서 테스트해야 하는데 소규모 공사에서는 그러지 못하고 보통 업체로부터 송장을 받습니다. 설계사무소 쪽에서 준 도면에는 철근에 대한 배근, 철근의 강도, 콘크리트의 강도가 기본적으로 정해져 있습니다. 이것만 제대로 챙겨도 시공사에서 다른 행동을 못하게 되죠. 체크해야 될 부분입니다.

이제 거푸집에 콘크리트를 붓는 단계로 넘어갑니다. 거푸집을 보통 유로폼이라고 부르는데요. 가장 흔하게 많이 쓰이는 재료 중에 하나입니다. 틀은 철재로 되어 있고 합판이 지지해줍니다. 그리고 안쪽 거푸집과 바깥쪽 거푸집 사이를 타이(Tie)라는 쇠가 지지하고 있습니다. 여기서 타이가 촘촘하게 배치되어 있는지 유심히 봐야 합니다. 상식적으로 유로폼의 밑에는 2개, 양쪽 더해서 4개만 되어 있어도 괜찮은데 그것조차 안 되어 있을 때도 있습니다.

그리고 골조 공사에서 철근끼리 이어지는 부분을 확인해야 합니다. 철근은 길이에 한계가 있기 때문에 서로 이어져야 합니다. 이음을 어느 정도로 해야 하는지는 철근의 두께와 시공 규모에 따릅니다. 콘크리트 피복이 되었을 때, 철근이 뼈대 역할을 하기 때문에 철근의 이음이 무척 중요합니다. 정착이라는 말이 있는데요. 철근을 코너 부분에서 서로 이을 수 없으니까 코너에서 얼마나 꺾을지를 얘기하는 겁니다. 우리가 육안으로 볼 수 있죠.

철근의 개수는 우리도 볼 수 있는 부분입니다. 철근을 빼먹는다, 철근을 덜 넣는다, 이런 거는 흔하지 않은 일이구요. 설계에 맞춰서 충실히 지키려고 하는데, 사람이 하는 일이다 보니 그렇게 시공이 안 될 때도 있죠. 그래서 필요한 게 감리고요. 이런 점은 무엇보다 건축주도 알고 있어야 나중에 생길 수 있는 분쟁에 대처할 수 있습니다.

뒤에 있는 사진은 전 세계적으로 유명한 건물 중 하나인데요.

건축가 프랭크 로이드 라이트(Frank Lloyd Wright)가 설계한 낙수장(Fallingwater)이라는 건물입니다. 1939년도에 미국 펜실베이니아주 베어런에 지어졌어요. 물론 훌륭한 건축물이고 유명한 관광지이기도 하지만, 그런 말씀을 드리려는 것은 아닙니다. 제가 전해 들은 이 건물의 비하인드 스토리인데요. 낙수장은 기둥이 없이 판재만으로 하중을 버티고 있는 구조입니다. 밖으로 튀어나와 있죠. 이걸 받치려면 엄청난 철근들이 필요하고 그에 맞게 정밀한 계산이 진행되어야 했을 겁니다. 그런데 프랭크 로이드 라이트가 "이건 내 경험상 괜찮으니까, 철근 빼"라고 엔지니어한테 얘기하고 갔대요.

훗날 엔지니어가 이렇게 말했다고 합니다. "나는 그날 프랭크 로이드 라이트의 눈에서 광기를 봤다." 엔지니어는 아무리 생각해봐도 도저히 안 될 것 같아서 철근을 보강했다고 합니다. 모르긴 몰라도, 그게 없었으면 이 건물이 아직까지 유지가 안 되었겠죠. '삼원화'라는 표현이 맞을지 모르겠습니다. 건물을 짓는 데 중요한 세 주체인 건축주, 건축가, 시공사가 서로 견제하고 협의하는 시스템이 되어야 함을 잘 보여주는 사례라고 생각합니다.

골조를 완성하면 창호를 설치합니다. 저희가 집에서 흔하게 보는 창호는 슬라이딩 이중창이죠. 아파트나 다세대 주택은 대부분 이렇게 되어 있습니다. 또는 밖에는 알루미늄 프레임이고 내부는 PVC 프레임으로 되어 있을 겁니다. 1990년대 이후 지어진 집 대부분은 이

프랭크 로이드 라이트가 설계한 낙수장. 1939년에 지어졌다. ⓒSean Pavone / shutterstock.com

4장 공사의 과정과 비용, 적산과 견적 꼼꼼히 따져보기

렇습니다. 그런데 기밀하지 못합니다. 따뜻하다고 하는데 밖에서 바람이 심하게 불면 내부로 바람이 들어옵니다. 그런데도 시스템 창호와 비교해서 상대적으로 가격이 저렴해 꾸준히 사용되어왔습니다.

요즘은 시스템 창호를 설치하는 집이 늘어나는 분위기인데요. 초기에는 고급 주택에만 시공되었습니다. 워낙 고가였으니까요. 일반 창호가 1천만 원이라고 하면 시스템 창호는 5천만 원이 넘는 경우가 많았으니 선뜻 설치하기가 쉽지 않았죠. 그런데 이제는 기술이 보편화되어 시스템 창호가 많이 보급됐습니다. 그 사이 이중창 역시 많이 발전했고 가격이 오르기도 했고요.

그 외에는 커튼월 등 여러 종류가 있는데 주택에서는 잘 안 씁니다. 주택에서 쓰는 창호는 재질에 따라 구분되기도 합니다. 보통 알루미늄과 PVC 프레임을 쓰는데요. 각각 장단점이 있습니다. PVC는 단열이 좋습니다. 하지만 플라스틱이다 보니 구조 보강이 들어가야 하므로 프레임이 두꺼운 단점이 있습니다. 알루미늄의 장점은 무엇보다 예쁘고 깔끔합니다. PVC처럼 변형도 없고요. 하지만 비싸죠. 그리고 재료의 특성상 알루미늄 프레임에는 단열재가 따로 들어갑니다.

시스템 창호가 도입되면서 전반적으로 프레임이 얇아지고 유리가 커졌습니다. 디자인적으로 이점을 누릴 수 있게 된 거죠. 예전에는 창호가 2m가 넘어가면 둘로 나눠야 하거나 창호를 작게 써야 했는데, 요즘에는 4~5m 되는 창호도 반으로 나눠서 쓸 수 있습니다. 확실히 품질이 많이 좋아졌습니다.

    창호가 설치되고 나면 단열 공사를 해야 합니다. 제일 많이 사용하는 단열재는 스티로폼입니다. 스티로폼을 부풀려서 하는 방식이고요. 그리고 열경화성수지와 우레탄이 있습니다. 열반사 단열재라는 게 있는데 개인적인 사용 경험으로는 주택에 안 맞는 부분이 있습니다. 단열에 대한 성능 기준은 여러 가지가 있지만, 현장에서 실무를 하는 입장에서 봤을 때는 단열 두께에 따른 성능의 차이보다는 시공 방식이 더 중요합니다. 그리고 단열을 할 때 외단열과 내단열을 같이 할 것인지, 따로 할 것인지를 결정해야 하는데요. 저는 주택에서는 내외단열을 함께 하는 걸 권합니다. 조금이라도 단열이 잘 안 되는 지점이 있으면 결로로 이어질 수 있기 때문입니다. 특히 요즘 같이 건축물의 형태가 다양한 시대에는 더욱 필요하다고 생각합니다.

    그런 다음에 외장 공사가 들어가는데요. 외장 공사에 쓰이는 재료는 크게 벽돌, 대리석, 외단열 시스템이라고 하는 드라이비트, 금속입니다. 벽돌을 예로 들어보겠습니다. 층을 올리다 보면 골조가 정확하게 수직이 되기 어렵습니다. 작게는 1~2cm, 많게는 5cm 가까이 오차가 나기도 합니다. 그래서 수직점을 찾는 게 중요합니다. 그게 기준이 된 상태에서 수평을 잡고 시공을 하거든요. 현장을 가보면 형광색 낚싯줄 같은 실이 보일 겁니다. 수직과 수평을 잡기 위한 장치입니다.

    지붕을 설치할 때도 방식은 같습니다. 단열재, 방수재 등부터 시작해 여러 층을 차곡차곡 쌓습니다. 결국에는 바탕이 중요할 수밖에 없습니다. 바탕이 완벽하게 평활하거나 수직을 이룬다고 보기 어렵기 때문에 그걸 맞추는 작업이 선행되어야 합니다. 그다음에 층에 따라서 합판과 방습 장치를 시공하고 위에 마감재를 설치하는 거죠.

    보통은 지붕 외부에 거터(gutter)라는 게 있습니다. 빗물을 받아

외장 공사가 진행되는 모습. 벽돌 외장의 경우 수직과 수평을 맞추는 것이 중요하다.

서 내려보내기 위한 통인데요. 선홈통이라고도 합니다. 만약 정말 모던한 느낌의 집을 원한다면 선홈통이 없는 경우도 가능합니다. 이런 부분은 우선적으로 건축가가 풀어줘야 할 문제이지만, 시공 중에도 해결할 수 있습니다. 시공상 금속 날개만 살짝 보이는 정도로만 끝낼 수 있는 거죠.

이런 디테일은 시공 과정에서 건축가와 건축주와 시공사가 협의해서 조절할 수 있는 부분입니다. 이런 것 때문에라도 설계와 시공이 분리될 필요가 있다는 말씀을 드리고 싶습니다. 간혹 선홈통이 내려오다가 창문에 걸린 상태로 시공되는 경우도 있거든요. 상가 주택 같은 경우를 보면 캔틸레버로 나와 있는 부분이 주차장 쪽 기둥으로 나올 때도 있고요. 그런 것들이 건물을 망치는 요소입니다. 미리 계획되고 한 번 더 검토를 거칠 필요가 있습니다.

다음은 바닥 차례입니다. 골조 콘크리트 위에 기포 콘크리트를 올립니다. 여기에 난방 배관 파이프가 설치되고요. 기포 콘크리트에서 평활도를 잡은 다음 난방 시설을 깔고 그 위에 바닥재를 까는 순서로 진행됩니다.

이런 과정을 습식 공사라고 하는데요. 철근콘크리트 공사처럼 물을 사용하는 공사를 가리킵니다. 균열을 예방하고 들뜸을 방지하기 위한 몇 가지 조치들이 있는데 이건 또 고민을 해봐야 할 문제라고 봅니다. 난방 파이프 위에 금속 메시를 설치하기도 하는 등 여러 장치를 추가하기도 합니다. 바닥이 형성되었으면, 벽과 천장을 정리해야 합니다. 일반적으로 지금 가장 많이 사용하는 방식은 나무 각재로 틀을 짜서 그 사이에 단열재를 넣고 그 위에 석고보드를 대는 방식입니다.

제가 집을 많이 지어보고 나서 느낀 점은, 공사에 대한 이해가 있는 건축주는 하자가 생겼을 때 대처하는 방식이나 마음가짐이 다르다는 것입니다. 집은 내가 애정을 가지고 계속해서 돌보고 관리해야 내 집이 됩니다. 아무리 잘 지어놓은 집도 내 마음에 안 들고 신경 쓰지 않으면 내 집이 안 되는 거죠. 반면 누가 봐도 별로인 집이지만, 내가 애정이 있으면 내 집이 되는 거죠. 작게는, 물이 샜는데 내가 해결 방법을 알고 공사에 대한 기본적인 지식이 있어서 해결해낼 때, 그럴 때 진짜 내 집이 된다고 생각합니다. 그런 의미에서 내용을 조금이라도 숙지하면 좋을 것 같습니다.

시공사와의 계약 꼼꼼히 따져보는 방법

적산, 견적, 비용, 계약 등을 설명하자면 아무래도 현실적이고 좀 복잡한 얘기가 많아서 조금 어려울 수도 있는데요. 사실 10년을 넘게 접해도 어려운 부분입니다. 그럼에도 이것들을 굳이 알아야 하는 이유에 대해서 말씀을 드리고 싶습니다. 의식주가 있으면 의와 식은 어느 정도 스스로 해결하는 부분이 많습니다. 옷은 옛날에 만들어 입기도 했었고 지금도 계속 빨래를 해 입기도 하고, 밥은 늘 먹는 것이니까 손수 만듭니다. 그런데 유독 집만큼은 남의 손을 빌려야 한다는 개념이 강합니다. 사실 아파트 같은 공동주택에 사는 분들은 대부분 전구 하나가 고장 나면 그것에 대한 메커니즘을 이해하려고 하기보다는 내 일이 아니라 치부하고 그냥 관리사무소를 찾아가죠. 만약 또 안 되면 다시 얘기하고요.

내가 내 손으로 뭘 지으려고 한다면 공부를 좀 할 필요가 있겠다는 생각을 강하게 했었습니다. 건축가의 이야기라든가 건축과 관련해서 사회 전반의 흐름을 다루는 케이블 방송 프로그램이 있더라고요. 해외 유명 건축가를 소개해주기도 하고요. 쉽게는, 이런 방송을 통해서 건축에 익숙해지는 것도 좋은 방법이라고 생각합니다.

 싸고 좋은 건 없다
: 적산과 견적

적산과 견적을 읽는 법을 알 필요가 있는데요. 이에 대한 설명의 목적은 싸게 하기 위함이 아니라, 합리적으로 돈을 사용하고 그 돈이 제대로 사용되는지를 스스로 확인하기 위함입니다. 사실 싸고 좋은 것은 없습니다.

우선 시공사에서 적산을 하고 견적을 내는 방식에 대해서 알아야 합니다. 견적서를 받아보면 일단 생소합니다. 많이 복잡하죠. 일단 어떻게 구성되어 있는지 한번 볼까요. 건축 공사비가 크게 구조와 마감으로 나뉜다고 했을 때, 구조 쪽은 건축주가 손을 댈 수가 없어요. 이건 시공사의 논리로 견적을 따라갈 수밖에 없습니다. 전체적으로 금액이 높아지기도 하고 낮아지기도 하겠지만, 이렇게 건축주 입장에서 바꿀 수 없는 부분이 절반 정도 됩니다.

그 외에 창호, 외장재, 내장 공사, 마감재, 조경, 부대시설에 대한 것들은 선택할 수 있습니다. 전기와 설비 공사에서는 조명을 선택할 수 있고, 설비에서는 위생도기 등을 선택할 수가 있습니다. 요즘에는 해외 직구도 많이 하는데요. 건축주가 직구로 좋은 물건을 구해오는 경우도 많이 봤습니다. 이처럼 건축 공사의 절반 정도는 시공사에서 행하는 걸 따를 수밖에 없지만, 나머지 절반은 나의 선택에 따라서 달라질 수 있습니다.

물량을 산출하는 방법은 어렵게 느껴질 수 있습니다. 하지만 상식적인 논리입니다. 옆에 있는 표를 보면 라임스톤이라는 석재가 적혀 있습니다. 그리고 바로 옆에 평면의 형태와 각각의 길이가

	A	B	C	D	E	F	G	H	I
2045	WD03	(	) 0.700	* 2.100	= 1.470	개소:1			
2046							■바 닥		0
2047		6.2			압출발포폴리스티렌(슬래브 위 깔기)	비중 0.03, 30mm	M2	(30.967<CAD에	30.967
2048					모르타르 바름	바닥, 60mm	M2	(30.967<CAD에	30.967
2049			3.875		강마루깔기	스웨디쉬화이트/헤링본시공	M2	(30.967<CAD에	30.967
2050		5.48					■걸레받이		0
2051					온돌마루용걸레받이	베이스, H=100	M	(23.36<CAD에	22.66
2052			1.875				■벽 체		0
2053			1.605				:A부 분전개 5		
2054		4.325			DRY WALL(C-65)	GS9.5T+2겹+한면(단50)	M2	2.776*2.0+3.	7.302
2055					도배 - 합판·석고보드면	실크	M2	2.776*2.0+3.	7.302
2056							:B부분전개 5		0
2057					DRY WALL(C-65)	GS9.5T+2겹+한면(단50)	M2	(3.875*2.0)	4.69
2058					도배 - 합판·석고보드면	실크	M2	(3.875+1.875	2.825
2059							:C부분전개 5		0
2060					DRY WALL(C-65)	GS9.5T+2겹+한면(단50)	M2	2.776*2.0+1.	4.666
2061					도배 - 합판·석고보드면	실크	M2	2.776*2.0+1.	4.666
2062							:D부분전개 5		0
2063					DRY WALL(C-65)	GS9.5T+2겹+한면(단50)	M2	5.48*0.81	4.438
2064					도배 - 합판·석고보드면	실크	M2	5.48*0.81	4.438
2065							■천 정		0
2066					반자틀설치	달대 유	M2	(3.815*5.48	32.999
2067					석고판 못(천정)붙임	천장, 9.5t+2겹 붙임	M2	(3.815*5.48	32.999
2068					도배 - 합판·석고보드면	천장, 실크	M2	(3.815*5.48	32.999
2069					AL돌림설(W형)	15+15+15+1.0mm	M	(23.36<CAD에	19.36
2070					철재커텐박스(c자형)	100+100+1.2t, STL(도장 유)	M	(1.8*0.1+2)	4
2071							■기 타		

	A	B	C	D	E	F	G	H	I
418	AW16	(	) 3.550	* 3.250	= 11.537				
419	AWD01	(	) 1.600	* 2.400	= 3.840				
420	AWD02	(	) 1.200	* 2.400	= 2.880				
421	AWD03	(	) 0.900	* 2.400	= 2.160				
422	SD01	(	) 0.800	* 2.100	= 1.680				
423		10.49			압출발포폴리스티렌(접착제붙이기)	비중 0.03, 90mm	M2	(55.6<CAD에 의한 둘레계	162.737
424					라임스톤마감(건식)	돌포함	M2	(55.6<CAD에 의한 둘레계	162.737
425					라임스톤마감(건식)	돌포함	M2	0.35*4+2.48+0.35+(0.	5.111
426		15.39	15.39		금속각관위도장설치	ㅁ-30*30	M	(10.49+15.39)+(2)+(1	39.18
427					알루미늄 이트마감	평판 T=3 불소수지,돌포함	M2	(7.69+1.92+2.45+15.0	26.138
428									
429									
430									
431			7.69 1.92						
432									
433	구분명 : 11.외부공사			개소 :1					
434	A	(면적	) 17.467<CAD에 의한 면적 계산>			= 17.467			
435	L	(둘레	) 32.41<CAD에 의한 둘레 계산>			= 32.410			
436	L1	(둘레1	)			= 0.000			
437	L2	(둘레2	)			= 0.000			
438	L3	(	)			= 0.000			
439	L4	(	)			= 0.000			
440	H	(층고	)			= 0.000			
441	H1	(높이1	)			= 0.000			

건축에 들어가는 물량을 산정한 적산표.

김양길 대표

적혀 있죠.

도면을 한번 보겠습니다. 도면을 잘 노려보면 치수들이 쓰여 있는 걸 알 수 있습니다. 우선 축척이 있습니다. 1cm가 1mm라고 하면 1/10이 축척이 되는 거죠. 이런 식으로 섹션 1, 섹션 2, 섹션 3, 섹션 4의 부피를 구하게 되면 이 면에 들어가는 물량이 나오는 거죠. 아래의 그림에 나오는 집의 경우는 76.74m³입니다. 물론 여기서 재료의 손실률에 따라 계산과 실제 물량 사이에 조금 차이가 있을 수 있습니다. 13,700mm이라고 되어 있는 것은 13.7m라고 보면 됩니다. 건축에서는 밀리미터 단위를 쓰고 물량을 계산할 때는

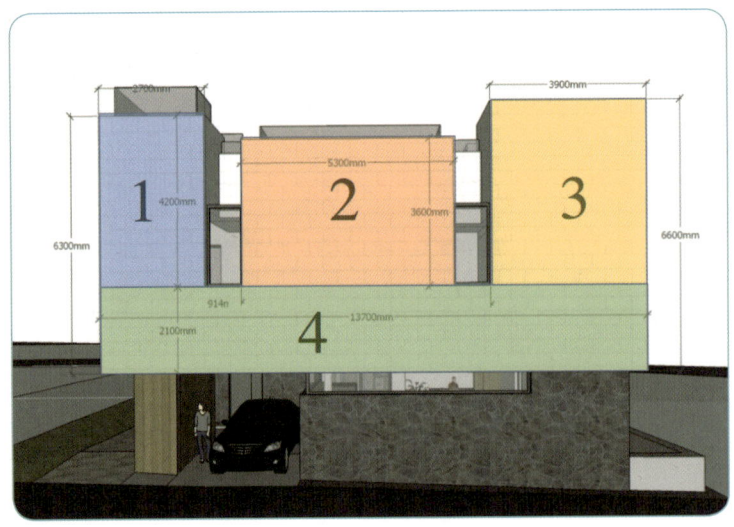

주택 도면의 모습. 도면에 나온 수치를 기초로 자재의 양을 계산한다.

미터 단위를 씁니다. 헤베라고 표현을 하기도 하는데, 이건 일본말이고요. 평방미터(m²)를 헤베, 입방미터(m³)를 루베, 이렇게 표현하기도 합니다. 건축에서는 평방미터와 입방미터, 두 개만 알면 됩니다. 자와 평은 요즘 거의 사용하지 않습니다.

내부도 마찬가지입니다. 내부로 들어오면 마루, 도장, 도배, 문짝, 창호 등이 있죠. 일단 하나하나 구분해서 적산을 하게 됩니다. 가끔 생소한 단어가 나오기도 하는데요. 인터넷에 검색하면 바로 나오기 때문에 크게 겁먹을 필요는 없습니다. 여기도 외부를 계산한 것과 똑같은 방식으로 도장, 마루 등의 면적을 구하면 됩니다.

그러고 나면 견적표가 나옵니다. 이것도 해보고 나면 별 게 아닙니다. 외부의 모양이 있고요. 쓰여 있는 길이에 높이를 곱하면 면적이 나옵니다. 외부에 필요한 물량이 나오는 거죠. 수식이 좀 복잡해 보이지만 조금만 살펴보면 어렵지 않다는 걸 알 수 있습니다. 단순하게 가로, 세로, 높이를 곱하면 되는 내용입니다. 내부 물량도 가로와 세로를 곱하고 다시 높이를 곱하면 나오게 되죠.

이렇게 물량을 계산하는 걸 적산이라고 표현하고, 각각의 물량에 가격을 매기는 것을 견적이라고 합니다. 예를 들어 방 하나에 들어가는 강마루의 물량이 구해지고, 여기에 나머지 다른 방에 들어가는 강마루의 물량이 더해지면 강마루의 총 물량이 나오겠죠. 그럼 이제 가격을 따져봐야 하겠죠. 단가는 재료비와 노무비가 합쳐

져서 실제 가격을 구하는 것입니다. 이것들이 합산되어서 전체 가격이 형성됩니다.

재료는 저희가 통상적으로 시중에 통용되는 단가를 쓰기도 하고요. 논현동이나 을지로만 가보셔도 대략적인 통상 가격을 알 수 있습니다. 만약 통상 가격을 알아보기 힘든 경우에는 물가정보지를 이용합니다. 물가정보지는 자재의 거래 가격, 물가 정보 등이 정리된 책입니다. 여기서 도움을 얻을 수도 있습니다. 실제로 민간 공사에서는 시중에 통용되는 가격을 쓰고, 통상 임금을 쓰지만 정부에서 발주하는 일은 좀 다릅니다. 공인된 단체에서 정리한 가격을 쓰게 되어 있습니다.

견적표를 좀 더 자세히 보도록 하겠습니다. 철근콘크리트 공사는 뼈대를 만드는 공사입니다. 각각의 재료 옆에 가격이 쓰여 있습니다. 조적 공사는 외부 치장이 벽돌인 경우라면 쌓기 방식에 대한 견적이 따로 들어갑니다. 이런 식으로 각각의 재료와 시공에 따른 비용이 적혀 있습니다.

자재와 재료를 결정하는 데 있어서 확정되지 않은 부분도 있을 수 있습니다. 콘센트, 스위치, 조명 기구 등은 중간에 시공사가 고를 때도 있고 건축주와 건축가와 협의하면서 고를 때도 있습니다. 앞서 말씀드린 경우처럼 건축주가 직접 해외 직구의 방식으로 구할 때도 있죠. 그럴 때는 견적 부분에서 일단 비워두고 나중에 내역을 받습니다.

그리고 재료비, 노무비, 경비가 있습니다. 재료비는 예를 들어 벽돌을 쌓는다고 하면 벽돌을 사오는 가격과 시멘트를 사오는 가격을 말합니다. 노무비는 벽돌을 쌓는 노무자에게 지급되는 인건비입니다. 그리고 경비는 그 벽돌이 운반되어오는 데 필요한 제반 비용을 가리킵니다.

 **싸고 좋은 건 없다**
: 다시 한 번 꼼꼼히

여기까지 좀 둘러보면 물량과 가격에 대한 감이 어느 정도 잡힐 겁니다. 이걸 조금이라도 볼 줄 아는 게 매우 중요합니다. 시공사 입찰에 들어가면 서너 곳의 업체로부터 내용을 받게 됩니다. 그럼 그 내용을 검토해야 하죠. 문제는 보통 총액밖에 안 보인다는 겁니다. 사실 내용을 뒤집어보면 거의 비슷한 용어들이 사용되고 비슷한 공정들로 묶여 있습니다. 석재 공사는 석재대로, 조적 공사는 조적대로 묶여 있습니다. 따라서 각 업체가 제출한 견적서에서, 각 공정의 예상 금액이 큰 차이가 없어야 정상입니다. 그런데 만약 석재 공사가 한쪽은 1천 5백만 원이고 다른 한쪽은 3천만 원이다, 이러면 일단 의심을 해봐야 합니다. 싸다고 1천 5백만 원으로 갈 일이 아니라는 거죠. 전체적으로 따져봐야 합니다. 자세히 보면 1천 5백만 원의 차이가 어디서 나는지 볼 수 있기 때문에 이런 설명을 드리는 겁니다.

너무 생소한 분야라고 생각할 필요는 없습니다. 대개 비슷합니다. 그리고 어느 시공사나 비슷한 형식을 쓰고 있습니다. 그 외에 붙는 간접비들은 시공사가 나라에 내는 돈입니다. 산재, 건강관리, 건강보험료 등이죠. 일단 소규모 건축에서는 비용이 각각의 공사에 따라 비율로 환산된 것을 따져보는 게 중요합니다. 견적서의 내용도 내용이지만, 각각의 공사와 비용이 어느 정도 비중을 차지하고 있는지 유의해서 볼 필요가 있습니다.

소규모 공사에서는 현장 소장 한 사람이 오롯이 그 현장에 있어야 합니다. 당연히 그 사람에 대한 인건비가 있겠죠. 주택 공사가 보통 8개월에서 10개월 정도 걸리니까, 기간에 따른 임금이 나와야 합니다. 회사의 관리비도 나와야 하고요. 개인적으로는 현실적인 가격은 8천만 원 이상이지 않을까 생각합니다. 그런데 만약에 그 비용이 지나치게 낮게 잡혀 있거나, 비율로 두루뭉술하게 되어 있다면 다시 확인을 해봐야 합니다. 현장 소장과 회사의 관리비에 대한 금액이 지나치게 낮게 책정되어 있다면, 그에 상응하는 금액이 다른 견적 안에 포함되어 있을 가능성이 높죠.

재료비는 사실 크게 달라질 수 없습니다. 반면 노무비는 조정할 수 있습니다. 그리고 항변이 가능합니다. 나는 인건비가 비싼 사람들을 쓴다, 이런 식으로 얘기가 될 수도 있고요. 어쨌든 공사 전체 과정에서 관리자 한 사람이 투입되는 데 따르는 최소 비용이 있는데, 그게 적게 잡혀 있으면 뒤에 다른 얘기가 있을지 모른다는 의심이 되는 거죠. 나중에 분쟁이 일어날 수 있습니다.

이러한 점이 분쟁의 소지가 되는 이유는, 중소 규모의 시공에서는 건축주가 처음 해보기도 하고 자기의 집이기도 해서 중간에 변경되는 내용이 많기 때문입니다. 창호가 좋은 걸로 했다가 좀 더 저렴한 모델로 한다든가, 다른 창호로 바꾼다든가, 이런 일이 빈번하게 일어납니다. 그런데 만약에 창호에 시공사의 마진이 들어가 있다고 하면 시공사 측에서 아무래도 문제를 삼겠죠. 그렇게 분쟁이 일어나는 겁니다.

따라서 분쟁의 가능성을 미리 줄이기 위해서라도 적산과 견적을 꼼꼼히 살펴볼 필요가 있습니다. 그리고 현장 소장이 오롯이 투입되어 진행되는지 따져보고, 그에 따른 합당한 금액이 명시되어 있는지 봐야 합니다. 그리고 아까 말씀드린 대로, 건축주가 선택할 여지가 많은 마감재를 변경할 수 있는지 따져봐야 합니다.

저희가 주택을 다년간 경험해본 결과, 이런 식으로 진행되는 게 투명하고 합리적이라 판단했습니다. 저희의 임금과 마진을 솔

김양길 대표

직하게 보여줌으로써 괜히 재료에 저희 마진을 포함하는 일을 하지 않는 거죠. 이런 상황들을 이해한다면 처음 견적 의뢰 단계에서부터 일정한 룰을 같이 적용할 수도 있습니다. 좀 더 단순화할 수 있죠.

계약 과정 이해하기
: 필요 계약서와 계약서 작성하기

견적을 받기 전에는 몇 가지 서류를 준비해야 합니다. 시공사로부터 입찰을 받기 위해 시공사에 보내는 서류입니다. 이 부분은 설계사무소에서 도움을 줄 겁니다. 입찰 안내서, 실시 도면, 스펙북, 적산 내역, 보통 이렇게 됩니다. 입찰 방식에는 크게 두 가지가 있는데, 조금 뒤에 가서 자세히 설명하도록 하겠습니다.

입찰 기본 사항에는 우선 공사 개요, 규모, 발주처, 설계자 정보 등 기본 사항이 담겨 있습니다. 시방에 관한 내용과 시공사 선정 방식도 포함됩니다. 시공사 선정 방식은 예를 들어 최저가 입찰, 적정가 입찰, 중간가 입찰이 있습니다. 이런 부분이 자세하게 설명되어 있으면 시공사가 견적을 짜면서 목표치를 정하는 데 많은 도움이 됩니다. 그리고 진행 일정, 공사 기간을 정해야 합니다. 이 또한 금액과 관련된 것이니까 명확하게 할 필요가 있습니다.

그리고 계약 방식에 대한 내용이 들어가야 합니다. 계약 방식에는 내역 입찰과 일괄 계약이 있습니다. 내역 입찰의 경우 설계사무소에 나온 도면을 가지고 적산 회사에 맡겨서 적산의 물량을 받을 때도 있습니다. 그리고 적산 시에 건설사에서 가격을 정하라고 하는 거죠. 이런 식으로 내역을 입찰하게 되면 도중에 물량이 변경되거나 도면이 변경되는 부분은 다시 정산해봐야 합니다.

일괄 계약은 조적 공사를 예로 들었을 때, 시공사가 현재 조건에서 해결을 봐야 하는 형태입니다. 특정 재료가 없거나 재료가 바뀌는 것에 대해서는 정산이 되지만 지금 정해져 있는 것은 다 해라, 이런 식입니다. 럼섬(lump sum) 방식이라고 부르기도 합니다. 일반 시공을 할 때에는 일괄 계약 방식이 유리합니다.

아파트나 빌딩처럼 높고 큰 건물은 일정 기준 층까지 올라가면 그 위는 다 똑같습니다. 그래서 설계가 변경되거나 도면이 잘못되어서 문제가 생기는 경우가 별로 없습니다. 그런데 소규모 주택 공사에서 내역 입찰을 하게 되면 도면과 안 맞는 부분들을 시공사가 다 챙겨서 정산을 받겠다는 식으로 나올 수가 있습니다. 왜냐면 도면이라는 게 완벽할 수는 없거든요. 그래서 일괄 계약을 하는 게 더 유리합니다. "지금 도면에 너희들이 알아서 견적을 해서 시공을 해라." 쉽게 말해서 이러는 거죠. 그러면 조금 잘못되거나 수정이 필요한 부분은 자기들이 발견해서 빨리 맞추게 됩니다. 반면 내역 입찰의 경우에는 잘못된 부분을 그냥 놔두기도 해요. 그리고 나중에 정산을 보겠다고 하겠죠.

입찰을 진행할 때 시공사에 요구할 수 있는 서류가 있습니다. 직원이 몇 명인지, 세금은 잘 내고 있는지, 공정에 대한 계획 같은 정보를 요구할 수 있습니다. 이외에 원하는 요구를 추가로 넣을 수도 있겠죠. 도면에 필요한 내용이 들어 있지 않을 때에는 질의응답을 해라, 이런 식으로요. 이러한 과정이 중요한데요. 검토 기간이 주어지고 난 뒤 도면에 대한 질의와 응답을 주고받았다는 것은, 시공사 입장에서 도면에 이상이 없다는 걸 확인한 거나 마찬가지이기 때문입니다. 그 외에 건축주의 자금 상황 같은 사항도 들어갈 수 있습니다. 금전적인 부분에 대한 고려가 명시되어야 분쟁을 줄일 수 있습니다. 공사에 관련한 민원이 올 경우 시공사가 책임을 져야 한다, 이런 내용도 특이 사항에 들어갈 수 있습니다.

예를 하나 보여드리겠습니다. 공사명이 있고, 공사에 대한 정보가 있습니다. 그리고 참여 업체, 참가자 서명을 받게 되어 있는데요. 이는 설명을 다 들었다고 증명하는 것과 마찬가지입니다. 일정 부분 계약과 같은 효과를 내기도 합니다. 또한 공사 주요 범위, 대금 지급 방법이 포함되어 있습니다. 현장 상황이 좀 특별하면 그 부분에 대한 내용을 따로 넣기도 합니다. 하자 이행은 금액을 산정하는 데 기준이 되어야 하므로 계약과 별개로 기준을 잡습니다. 또한 보험 가입 등 시공사에 대한 정보를 요구할 수 있습니다. 그 외에 시공상 특별히 유의해서 해야 하는 부분이 있으면 시방을 적어놓습니다. 벽돌 쌓기 방식, 줄눈 모양 등을 명시해놓기도 합니다.

다음으로는 계약서입니다. 민간 건설 공사에서 분쟁이 많다 보니 국토교통부에서 3년에 한 번씩 고시를 합니다. 지금은 19년 5월 7일에 고시한 내용을 사용하고 있습니다. 개정될 때마다 바뀌는 부분이 조금씩 있습니다. 160페이지에 있는 문서가 현재 쓰고 있는 계약서입니다. 분쟁이 하도 많으니까 계약서를 아예 정해놓은 거죠.

이것이 기초가 되어야 합니다. 여기에서 발췌한 내용을 바탕으로 일반적인 상황을 만들어서 계약을 하기도 하는데, 중요한 것은 필수적으로 챙겨야 하는 부분을 확인하는 일입니다. 공사명, 공사 장소, 착공, 준공. 당연히 중요합니다. 일단 협의한 대로 끝나야 할 시점에 끝나야 하니까 중요하고요. 그리고 계약 보증금과 선금에 대한 보증서를 받아놓아야 합니다. 하자 담보도 마찬가지고요. 이런 게 명시가 되어 있는 이유는 계약 이행, 선급금을 그 현장에 쓰는 것, 하자에 대한 책임을 보다 명확하게 하기 위해서입니다.

그다음 지체 상금률입니다. 항상 분쟁이 많은 부분이 여기입니다. 지체 상금률에 대해 1/1,000, 3/1,000 이렇게 얘기들을 많이

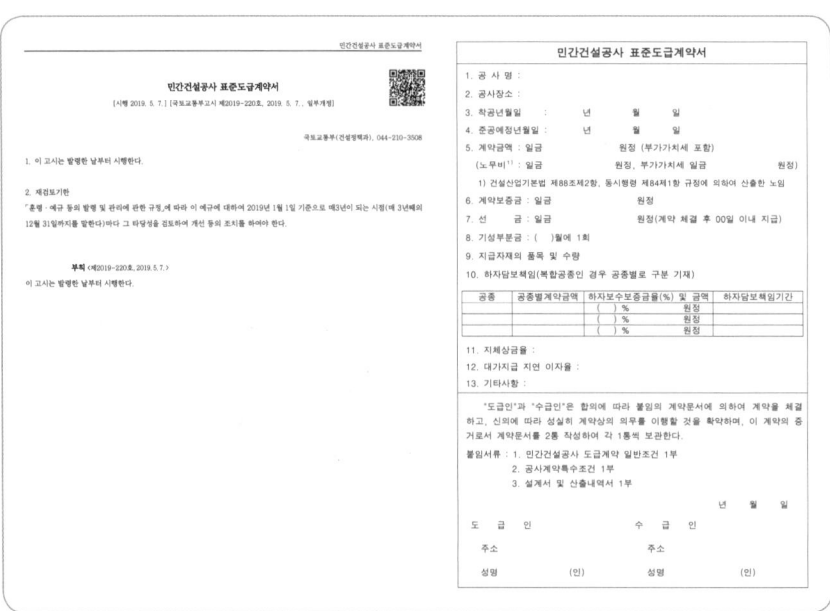

국토교통부에서 고시한 건설 공사 표준 계약서.

하는데 지금은 이것들이 많이 문제가 되어서 삭제되어 있습니다. 예전의 계약서를 보면 1/1,000로 정해져 있고, 지금도 나라에서 발주하는 공사는 3/1,000까지 갈 때도 있습니다.

그런데 건설사의 입장에서 공사가 지체되는 경우는 딱 한 가지밖에 없습니다. 그 회사가 재정적으로 어려워 현장에 비용이 원활하게 투입되지 않는 경우입니다. 이럴 때만 현장 진행이 안 됩니다. 그 외에는 시공사가 공사를 진행하지 않을 이유가 없어요. 왜

냐하면 계속 관리비가 투입이 되고 있기 때문입니다. 시공사로서는 쉬면 손해죠. 물론 설계가 변경되거나, 건축주가 발주하는 내용이 잘못되어서 지연될 때도 있습니다. 그러므로 이 부분을 명확하게 해둘 필요가 있습니다. 1/1,000이면 엄청난 돈이거든요. 하루에 1/1,000이기 때문이에요. 이 부분에서 분쟁이 일어나면 큰일이 되기 때문에, 사전에 협의가 중요합니다. 공사 기간과 기성금이 정확히 집행이 되고 있는지 확인이 필요합니다.

또 중요한 부분은 계약 보증금입니다. 계약을 하게 되면 계약 보증금, 계약 보증 증서를 받아야 합니다. 계약을 체결하고 계약 보증 증서를 받고, 그다음에 계약금 지급하고 선급금 이행 계약서를 받는 게 순서입니다. 일단 모든 건설 회사는 건설공제조합에 가입되어 있습니다. 그리고 거기에 출자가 되어야 조합원으로 등록됩니다. 증서를 통해서 건축주들이 공사를 하면서 건설공제조합에 대한 보증을 받게 됩니다. 이런 이유로 건설공제조합에서 발행하는 보증서가 더 좋을 수가 있습니다. 건설사는 건설공제조합하고 얘기가 안 되면 업무를 못합니다. 모든 발급 업무가 그곳에서 이루어지거든요. 일반 사항이거나 건설사 나름의 사정이 있다고 하면, 신용보증기금 같은 곳을 이용해도 큰 문제는 없습니다. 어쨌든 보증서를 받아야 한다는 게 중요합니다. 계약을 했으면 계약 보증서를 꼭 받아야 합니다. 증서를 통해서 이 계약에 대한 보증을 받는 거예요. 만약에 공사가 잘못되거나, 시공사가 도망가거나, 시공사가 부도가 나게 되었을 때 보상을 받을 수 있습니다.

흔히 감리라고 하는 공사 감독원의 경우에는 따로 공사 감독원을 뽑기도 하고, 설계자 외에 다른 공사 감독원을 섭외할 때도 있습니다. 만약 의사소통을 원활하게 하고자 한다면 설계자를 공사 감독원으로 선임하기도 합니다. 그러면 설계자가 법적으로도 권한을 갖고 있는 감독원이 되는 거죠.

그리고 현장대리인이 있습니다. 과거에 직영공사가 무분별하게 성행했을 때, 관리비 절약 차원에서 소장 한 명이 현장을 두세 개씩 진행했는데요. 크고 작은 문제가 생기기도 했습니다. 지금은 법적으로 자격을 가진 현장대리인이 그 현장에 배치되게 되어 있습니다. 구청에 그 서류도 들어가야 하고요.

 기성금과 기성금 지급 방식

돈을 어떻게 줘야 하느냐에 대한 내용이 제일 궁금하실 텐데요. 계약금은 통상적으로 10% 정도를 얘기합니다. 우선 계약금으로 총 금액의 10%를 지급하고 매달 기성금을 지급합니다. 기성금은 한 달

동안 진행된 공사의 양에 기초해서 계산합니다. 가설 공사에서 화장실이 있고 컨테이너가 있잖아요. 가령 컨테이너가 가설되었으면 컨테이너 설치 공정은 100%가 된 거고요. 화장실이 설치되면 화장실 역시 완료가 된 거죠. 그런데 화장실 운영 및 처리 비용이 따로 있잖아요. 가령, 전체 공사 기간이 10개월인데 1개월 지났으면 그에 대해서는 10%만 주는 거예요.

이런 식으로 견적서를 기준으로 계산합니다. 공정별 진행에 따라서요. 그리고 이 내용을 감리자에게 보냅니다. 그러면 시공사에서는 공사 기성원이라고 하는데요. 견적에 준해서 기성률을 따진 다음 감리자와 건축주에게 발송하게 되어 있습니다. 건축주는 감리자의 의견을 듣습니다. 가설 공사는 여기까지 됐고, 토목 공사는 50% 되어 있습니다, 이런 식으로요. 그 내용을 바탕으로 지급하게 됩니다.

그리고 먼저 계약금으로 10%를 줬잖아요. 이 부분을 제하고 지급합니다. 이달 기성이 4천만 원이 발생했다고 하면, 여기서 10%인 4백만 원을 빼고 지급합니다. 그 이유는 선급금이 10%가 나갔기 때문입니다. 기성에서 10%를 빼야 맨 끝에서 맞아떨어지게 되겠죠.

이런 이유로 선급금이 총 공사비의 10%가 되었든 20%가 되었든, 그에 대한 비율만큼 기성금에서 공제를 하는 거죠. 가장 중요한 부분이라고 볼 수 있습니다. 기성금 지급의 기준이 되는 게 적산과 견적입니다. 만약에 건설사가 돈을 먼저 받게 되면 건축주 입장에서 문제가 생길 수 있습니다. 저희 표현으로는 "과기성 뜬다"고 얘기를 하는데요.

과기성을 뜨고 나면 건축주와 시공사의 입장이 완전히 바뀝니다. 여기서는 계약을 종결해도 시공사 입장에서 손해 보는 일이 없는 거예요. 그다음에 분쟁은 민사로 넘어가잖아요. 우리가 건설사와의 계약에서 분쟁에 휘말리면, 불리해지는 이유 중 하나가 민사소송은 결과가 나오기까지 오래 걸리기 때문이거든요. 최소 1년, 길게는 2년이죠. 그동안 나는 땅을 사용하지 못하고, 그에 대한 보상을 제대로 못 받는 경우가 많기 때문에 건설사가 이 키를 쥐고 가려는 경우가 있습니다.

물론 계약에 문제가 생겨서 계약을 파기할 상황이면 돌려줘야 할 게 있을 수 있습니다. 애초에 이런 문제를 방지하기 위해 공사 기성금의 사용을 적절히 조절해야 한다는 것을 말씀을 드립니다. 사실 큰돈이 움직이는 일이기 때문에 이 부분을 우선 정리해야 합니다.

공사 기간의 연장은 서로 인정이 되는 부분에서 연장해야 합니다. 아까 말씀드린 지체 상금에서 가장 중요한 부분입니다. 그런데 설계가 변경됐거나, 이례적으로 기후 조건이 열악한 경우라면 서로 양해가 될 수 있겠죠. 심지어 비가 한 달 내내 오는 경우도 있습니다. 실제로 2011년도에 내리 28일 비가 온 적이 있었어요.

다음은 부적절한 공사와 관련한 내용입니다. 시방을 무시하고 공사를 진행하는 등 공사가 제대로 이루어지지 않은 경우를 말합니다. 이런 것들을 방지하기 위한 항목입니다. 나중에 분쟁이 생겼을 때 이런 사항을 근거로 따질 수가 있기 때문에 중요합니다.

그 외에는 계약 내용의 변동에 따른 지급액 조정이 들어가야 하고요. 이런 부분은 꼭 들어가야 합니다. 지체 상금에 대해서 합의한 부분도 조정해서 넣을 수 있습니다. 계약 해지에 대한 사유도 명확히 적어놓을 필요가 있습니다. 일을 하다 보면 서로 뜻이 안 맞아서 계약을 해지하는 경우도 있거든요. 그럴 때 서로 어떻게 해야 할지 정할 필요도 있습니다. 또한 손해 배상 책임도 명시되어야 합니다. 튀어나온 철근에 지나가는 사람이 상처를 입거나 옷이 찢어지는 경우도 있습니다. 이런 부분의 책임 소재도 명확히 해야 합니다. 영업 배상 보험이라는 게 있습니다. 건설사에서 보험에 가입했는지 미리 확인해볼 수 있겠죠.

제가 시공을 해오면서 건축주가 제일 많이 요청하는 특약 사항이 있는데요. 내외장재의 변경에 관한 내용입니다. 아무래도 도중에 자재가 계속 바뀔 수 있기 때문입니다. 사실 도면으로 봤을 때 상상했던 집의 모습과 골조가 올라간 뒤의 모습은 많이 다르게 느껴집니다. 처음에는 창을 작은 걸 쓰려 했는데, 건물이 올라간 걸 보니 큰 창으로 바꾸는 경우가 생기죠. 그래서 아예 계약서에 이런 것들에 대해서 합의하는 구체적인 방식을 미리 얘기해두는 것입니다. 그간 이런 부분에 대한 요구가 많았습니다. 이외에도 원하는 특약 사항을 추가로 넣을 수도 있습니다.

실패하지 않는 내 집 짓기를 위한
Check List

- ✔ 공사의 기본적인 흐름을 파악하자.
- ✔ 공사 비용의 총액뿐만 아니라 비용의 구성을 유념해서 살펴보자.
- ✔ 공사 기간이 늘어날 경우를 대비해두자.
- ✔ 적산과 견적을 꼼꼼히 따져보자.
- ✔ 돈과 관련한 부분은 법적 보증을 받아두자.

김양길 대표

5장

건축 재료에 대한 이해

윤재선 건축가

아무리 디자인을 잘해 놓더라도
재료의 특성과 사용법을 모르면
결과물이 원하는 대로 나오지 않을 가능성이 높습니다.
시공 과정에 문제가 생길 수도 있고요.
그리고 재료는 비용과 긴밀하게 연결되어 있습니다.

　　　　　　　　　　저는 건축, 그중에서도 재료에 대해서 이야기하려고 하는데요. 사실은 재료가 굉장히 중요함에도 건축 재료를 가지고서 일반인들에게 수업을 진행하는 데에는 다소 어려움이 있습니다.

　제가 재료에 대해 왜 관심이 생겼는지부터 먼저 짚고 가는 게 좋을 것 같습니다. 어느 한순간에 갑자기 번개 맞듯이 관심을 갖게 된 건 아니고요. 오랫동안 쌓인 저의 의문에 대한 답이 재료의 발견이었다고 할 수 있습니다. 저는 건축 공부를 좀 오래 했습니다. 대학교에서 4년, 대학원을 2년, 연구원 1년, 그다음에 외국에서 공부를 했습니다. 그렇게 10년 가까이 건축 공부를 했습니다. 그 중에서도 건물을 디자인하는 설계와 구조역학 쪽을 주로 공부했는데요.

윤재선 건축가

그 이후에 국내와 해외에서 실무를 한 다음에 개인 사무실을 운영하고 있습니다. 외람된 얘기일지 모르겠지만, 제가 설계는 괜찮게 하는 것 같더라고요. 설계를 열심히 잘해서 모형을 갖다 놓으면 제법 괜찮아요. 그런데 시공을 하면 결과물이 별로 마음에 안 드는 거예요.

외국에서 실무를 했던 시절을 돌이켜보면 누가 시공하느냐에 따른 편차가 크지 않았습니다. 거기에는 현장 매뉴얼이 잘되어 있고, 재료마다 시공하는 방법들이 잘 설명되어 있어요. 그리고 당시에는 조립식이 많았습니다. 공장에서 나온 재료를 딱딱 끼워 맞추는 조립식이었어요. 재료의 사용 설명서에 따라 시공하면 깨끗하게 나오는 거예요. 그렇기 때문에 습식으로 현장에서 자르고 만들고 할 일이 현저히 적었죠. 그리고 조사하고 검토하는 사람도 체계적인 매뉴얼을 갖고 있습니다. 체크리스트가 대략 백 가지 정도 되는데요. 그거에 따라서 쭉 확인하고, 잘못된 부분이 있으면 다시 하는 식이었습니다. 당연히 시공관리에 큰 어려움이 없었습니다.

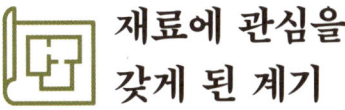 재료에 관심을 갖게 된 계기

그런데 우리나라에서는 시공에 대한 컨트롤이 안 되는 거예요. 설계를 몇 개월 걸려서 굉장히 잘해놨다고 생각을 했는데, 막상 시공을 하면 그게 제대로 안 나오는 거죠. 개인 사무실로 독립한 게 2001년도였으니까, 이런 문제를 17년 동안 계속 반복하고 있는 셈입니다. 답답한 마음이 클 수밖에 없었습니다. 그래서 '내가 한번 해보자' 하는 생각에 시공에 손을 댄 적이 몇 번 있습니다. 방배동에 위치한 공동주택 한 채의 시공에 관여했고요. 이후에 판교에 근생건물을 시공했습니다. 또 몇 년 지나고 난 다음 서래마을에 제 건물을 짓게 됐어요.

   서래마을에 제 집을 짓게 된 건 무엇보다 아이 때문이었습니다. 아이들에게 집에 대한 즐거운 추억을 남겨주고 싶었어요. 아파트에 살면 집에 대한 추억이 별로 없더라고요. 그래서 제가 어렸을 때 주택에 살았던 기억을 떠올려서 주택을 짓고자 마음을 먹었습니다. 어떻게 보면 서래마을에 저의 집을 지은 일이 재료에 대한 관심을 본격적으로 불러일으킨 촉발점이라고 할 수 있습니다.

   평소에 좋아하는 재료를 집에도 쓰고 싶잖아요. 제 경우에는 그 재료가 벽돌과 나무였어요. 그런데 문제는 재료를 잘 모른다는 거예요. 누군가에게 물어볼 수밖에 없죠. 목수에게 물어봤습니다. 외부에 깔기 위한 나무였는데요. 튼튼해서 외부에 쓰기 괜찮다고 목수가 말해줬습니다. 믿을 사람이 그 사람밖에 없으니 목수 말대로 했죠. 그런데 6개월 지나니까 검은 곰팡이가 생기기 시작하는 거예요. 그거 때문에 아직도 고생을 하고 있습니다. 물론 지금은 공부를 해서 하자가 생길 경우 어떻게 대처해야 하는지 알게 됐습니다. 어떤 화학재료를 쓰고, 어떻게 닦아내고, 이런 식으로 방법을 알아가기 시작한 거죠.

여기서 중요한 점은, 소위 말해서 '업자'라는 분들이 추천하는 재료가 상황에 정확히 맞는 재료가 아닌 경우가 많다는 겁니다. 그리고 가령 방수 공사를 하는 과정을 보면요. A라는 사람은 이렇게 방수를 하고, B라는 사람은 또 다르게 공사를 합니다. 기준이 없는 거예요. 건축가들도 디자인은 잘하지만 재료에 대해서는 잘 모릅니다.

그런데 제가 재료를 잘 모르니까 현장에서 컨트롤을 못하는 거예요. 저는 시공의 모든 과정을 컨트롤 하는 사람은 아닙니다. 그건 시공사와 현장 소장이 하는 일이죠. 그런데 시공사에도 그걸 할 수 있는 사람이 없는 경우가 많습니다. 현장 소장도 잘 몰라요. 정부에 물어봐도 마찬가지입니다.

재료의 특성과 상황에 맞는 재료의 사용법을 모르면, 디자인을 아무리 잘 해놓더라도 결과물이 원하는 대로 나오지 않을 가능성이 높습니다. 시공 과정에 문제가 생길 수도 있고요. 그리고 재료는 비용과 긴밀하게 연결되어 있습니다. 총 건축비가 100만 원이라고 해볼까요. 그러면 인건비가 50만 원, 재료비가 40~45만 원, 관리비가 5~10만 원입니다. 여기서 관리비는 건물의 유지관리 비용이 아니라 현장을 관리하는 비용을 말합니다. 그리고 회사의 이윤 같은 게 포함되죠.

물론 재료 중에서 저희가 개입할 여지가 없는 부분도 있습니다. 주택 하나를 짓는 데 대략 100여 종의 재료가 들어갑니다. 이 중에 콘크리트와 철근을 비롯한 골조 관련 재료는 사실 어떻게 해볼 수 없습니다. 재료 중에서 20% 정도를 저희가 스스로 컨트롤할 수 있다고 생각해볼까요. 이 20%의 재료의 유통 정보를 잘 알고 있고, 유통 과정을 몇 단계 줄이는 게 가능하다면 그만큼 비용 절감이 되는 거죠.

대체로 재료가 제조사에서 소비자에게 바로 가는 게 아니라 중간에 유통사가 있잖아요. 몇 번의 유통 단계를 거칩니다. 일반인이 보통 4차 소비자라고 보시면 됩니다. 유통 단계 한 번을 거칠 때마다 가격이 20~30% 정도 올라가거든요. 만약에 유통 단계를 하나 줄일 수 있으면 20~30% 정도의 비용을 줄일 수 있는 거죠. 그럼 공사비가 100억 원이라고 해봅시다. 재료비가 40억 원이죠. 그중에 저희가 컨트롤할 수 있는 부분이 20%라고 하면 그 규모는 8억 원이죠. 유통 과정을 생략할 수 있다면, 2억 원에서 3억 원을 줄이는 게 불가능하지 않다는 얘기가 됩니다.

그리고 재료를 컨트롤할 수 있으면 인건비를 줄이는 것도 가능해집니다. 요즘 인건비가 많이 높아졌습니다. 흔히 잡부라고 하는데, 2년 전에는 보통 작업자의 인건비가 8~10만 원이었습니다. 지금은 10~13만 원이에요. 2년 전에는 목수의 경우는 기술을 보조하는 작은 목공이 18만 원, 기술을 갖춘 큰 목공이 23~25만 원이었습니다. 지금은 각각 20만 원, 25만 원 고정입니다. 그리고 대목에는 30만 원까지 갑니다. 2~3년 사이에 인건비가 20~30% 오른 거죠. 앞으로도 계속 오를 테고요.

인건비가 오르면 공사비도 자연히 올라갑니다. 이 부분을 줄일 수 있는 방법이 무엇일까요? 제가 미국에 있었는데요. 공장에서 맞춰서 찍어낸 자재를 가지고 현장에서 조립합니다. 매뉴얼을 보면 누구나 조립할 수 있는 방식입니다. 이렇게 하면 현장에서의 시간을 줄일 수 있고, 인건비도 줄어듭니다. 그럼 그 재료를 어디서 어떻게 만드는지 알아야 하겠죠. 그래야 공장에 제가 원하는 걸 만들어 달라고 하고, 현장으로 가져와서 조립만 하면 되는 거죠.

저의 경험이 하나의 예가 될 수 있을 것 같습니다. 저희 집의 식탁을 직접 만들었습니다. 호두나무 식탁인데요. 디자인한 도면 파일과 자재를 제작 업체에 보냈습니다. 거기서 그 모양대로 만들어

목재를 용도에 맞게 자르고 다듬는 과정. ⓒ김덕창

줍니다. 그러면 그걸 도장하는 데로 보내달라고 하죠. 다시 도장 업체에서 샌딩을 해주고, 제가 원하는 도료로 도장을 해줍니다. 그동안 저는 을지로로 가서 다리를 만들어달라고 요청합니다. 그리고 마지막에 제가 피스로 조립을 하는 거죠. 지금도 잘 쓰고 있는데요. 제작비가 한 100만 원 정도 들었습니다. 시중에 나와 있는 건 300만 원이에요. 똑같은 디자인과 같은 급의 소재인데요.

요약하자면, 재료에 관심이 생긴 이유는 제대로 시공하고 싶어서입니다. 제 디자인이 제대로 구현되기를 원했으니까요. 그런데 그걸 해줄 사람이 없어서 답답한 마음에 시작했던 겁니다. 그리고 재료와 재료의 유통을 잘 알면 전체 공사 비용을 줄일 수 있기 때문입니다. 재료비를 줄일 수 있는 것은 물론이고, 인건비를 줄일 가능성이 생깁니다.

 재료의 발견과 발전

이제 재료를 본격적으로 알아가야 하는데요. 재료는 종류에 따라 몇 가지로 나뉩니다. 제일 중요한 것은 구조입니다. 뼈대가 세워지는 게 시작이죠. 그다음에 외피·마감이 있습니다. 크게 구조재와 마감재로 나뉘는 거죠. 음식을 할 때 재료를 모르면 요리할 수 없잖아요. 최소한 어떤 식재료가 맵고 짠지, 재료와 재료의 궁합을 알아야 합니다. 음식 재료에 대해서 잘 알아야 요리를 잘할 수 있는 것처럼, 건축도 재료를 잘 알아야 잘할 수 있습니다. 재료는 건물을 구성하는 하나의 단위입니다. 재료들이 모여서 건물을 이루는 거죠. 그 구성 단위의 기본이 구조와 외피·마감입니다.

재료는 굉장히 원시적입니다. 지금은 무척 다양한 재료들이 있지만, 알고 보면 몇 가지로 귀결됩니다. 아주 옛날로 돌아가면 재료는 소재에서 시작합니다. 흙, 돌, 나무, 그리고 흙에서 나오는 점토 정도입니다. 거의 모든 재료의 소재는 이 네 가지 안에 포함됩니다. 그다음에 자연의 작용을 통해 응용하는 거죠. 불로 굳히거나, 물을 이용해 찰떡처럼 찐득하게 만들거나, 빛을 가해서 탈색을 하거나, 이런 방법을 이용해서 기능에 맞는 재료들이 형성됩니다.

이런 이유로 과거에는 건축에서 자연조건이 굉장히 중요했습니다. 재료가 자연조건을 넘어서지 못했어요. 햇볕 때문에 더우면 그늘로 가야 했습니다. 동물이 있으면 위험하니까 동물을 피해서 나무 위에 살아야 했습니다, 그러다 보니 위치, 즉 장소성이 중요하게 된 것입니다. 그게 생활과 밀접하게 닿아 있기 때문이죠.

지금도 마찬가지죠. 장소가 좋으면 부수적인 장치를 추가하지 않아도 됩니다. 하지만 우리는 대개 도심에서 살고 있지 않습니까.

장소가 그렇게 좋다고 볼 순 없죠. 장소가 채우지 못하는 부분을 보충해주는 게 재료입니다. 더우면 에어컨 켜고, 추우면 단열이 좋은 유리를 쓰면 되죠. 이런 재료들이 과거 자연적인 요소들이 하던 일을 대체하고 보충해주고 있는 거죠. 최근에는 기능을 보강한 특수 소재도 많이 나오고 있죠.

다음으로 화학재가 있습니다. 화학반응을 통해서 만들어진 재료입니다. 좀 더 기밀하고 기능성이 뛰어납니다. 가령 요즘에는 콘크리트에 나노 입자를 넣기도 합니다. 그리고 센서를 집어넣어요. 센서를 통해서 몇 년 뒤에라도 구조적 문제가 생기는지 확인할 수 있습니다. 특수 페인트도 많이 나왔습니다. 특수 페인트 중 하나인 차열 페인트를 지붕에 칠하면, 외부 열을 차단하여 실내 온도가 실외보다 3°C 정도 낮습니다. 그보다 더 다기능으로 더울 때는 열을 막아주고 추울 때는 열을 끌어주는 페인트도 나오고 있습니다.

여러분들도 그런 재료를 알고, 건축을 업으로 하는 사람들은 더 많이 알아서 잘 활용해야 하는데 그렇지 못한 거예요. 아쉽게도, 시공하는 사람들 중에 건축과 재료에 대해서 고민을 하는 분들이 그리 많지 않아요.

재료와 그 용도에 대해서 한번 살펴보겠습니다. 건물의 구성은 크게 구조, 외부와 내부, 창문과 출입문 같은 개구부, 지붕으로 나닙니다. 구조에는 벽식 구조와 기둥-보 구조가 있습니다. 재료로는 보통 벽돌, 목재, 콘크리트, 철재가 사용되고요. 외부 마감 재료에는 벽돌, 금속, 목재, 콘크리트, 타일, 패널 시스템 등이 있습니다. 내부 마감의 재료로는 페인트, 벽지, 타일, 규조토 등을 꼽을 수 있고요. 그런데 사실 생각해보면 마감재가 그렇게 많지 않습니다. 열 손가락 안에서 왔다 갔다 합니다.

중요한 것은 재료의 응용입니다. 똑같은 재료도 이렇게 쌓느냐 저렇게 쌓느냐, 어떤 재료와 함께 쓰느냐에 따라 분위기와 아름다움이 무척 달라집니다. 기능 또한 많이 달라지고요. 개구부는 가장 중요한 게 단열입니다. 단열 프레임과 유리를 써야 하죠. 프레임에는 PVC, 알루미늄, 목재, 철재가 있습니다. 지붕은 방수가 중요합니다. 박공지붕은 기울어져 있기 때문에 물이 아래로 흘러서 방수에 큰 문제가 안 생기는데, 문제는 지붕을 평평하게 했을 때입니다. 눈에 보이지 않는 내부의 방수에 특별히 신경을 써야 합니다.

모든 재료에는 안쪽에 바탕이 되는 부분이 있습니다. 타일을 예로 들어볼까요. 몇 년 지나면 타일이 깨지는 경우가 간혹 있습니다. 왜 그럴까요? 타일이 수축·팽창을 해서 그런 게 아니라, 안에 있는 바탕이 수축·팽창하거나 흔들리기 때문에 깨지는 겁니다. 나무로 된 집을 짓는다고 해볼까요. 나무 패널을 바탕으로 한 다음 방수 처리를 하고 그 위에 타일을 붙이게 됩니다. 그런데 나무를 잘못 쓰면, 나무가 수축·팽창을 하기 때문에 바탕이 흔들리고 위에 붙인

타일이 깨지게 되는 거죠.

그리고 바닥에 쓰는 재료와 벽에 쓰는 재료가 다릅니다. 타일을 예로 들었을 때, 바닥에는 보통 자기질을 사용하고 벽에는 도기질을 씁니다. 자기질이 상대적으로 더 강하고 단단합니다. 그런데 도기질 타일 중에 더 예쁜 게 있다고 그걸 바닥에 쓰면, 바탕에 약간의 흔들림과 수축·팽창만 생겨도 깨집니다. 그러므로 바탕과 용도에 맞는 재료의 선택이 중요한 거죠.

요즘은 구조에 쓰는 재료를 외장재나 내장재에 쓰기도 합니다. 가령 특정 공간이 답답하게 느껴질 때 쓰는 기법 중 하나가 외부 재료가 내부로 들어오게끔 하는 겁니다. 내부에 있지만 마치 내부처럼 느껴지지 않는 거죠. 그러니까 답답함을 덜 느끼게 되고요. 이런 식으로 재료가 심리적인 변화에도 많은 영향을 줍니다.

간단히 얘기하면 재료가 받쳐주는 바탕에 대해 신경 쓰면서 동시에 상황과 용도에 맞는 재료를 써야 합니다. 재료가 쓰이는 곳이 외부인지 내부인지, 습기가 많은 곳인지 바람이 많이 부는 곳인지, 여름과 겨울의 온도 차이가 큰 곳인지에 따라서 특성이 다른 재료를 써야 하는 거죠. 특성이 좋아야 함은 물론이고요. 만약에 환경에 맞지 않는 재료를 썼다면, 부족한 부분을 보완할 수 있는 다른 재료를 함께 써야 하는 거죠.

타일은 바닥과 벽, 내장재와 외장재 등 어떤 용도로 사용하느냐에 따라 다른 소재를 사용한다.

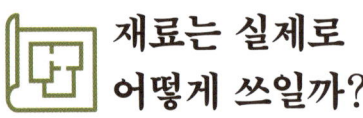 재료는 실제로 어떻게 쓰일까?

서래마을 근린생활시설 겸 단독주택 사례로 보여드릴까 하는데요. 재료의 실제 사용에 대한 예가 될 수 있을 것 같습니다. 철근콘크리트 구조와 목구조 형태입니다. 지하부터 3층까지 철근콘크리트 구조이고, 4층과 5층은 목구조입니다. 지하부터 3층까지 올라오는 데 엄청난 시간이 걸렸습니다. 반면 4층과 5층은 구조를 완성하는 데 7일 걸렸습니다. 일주일 만에 끝난 거죠. 미리 3D로 디자인해서 공장에서 제작했더니, 현장에서는 별로 할 게 없는 거예요. 현장에서는 위치를 잡아주고, 고정하기만 하면 되죠.

좀 전에도 제가 조립식 형태의 집에 관심이 많다고 말씀드렸는데요. 그 이유 중 하나가 민원입니다. 집을 짓기 시작하면 옆집 사는 사람은 민원을 준비하죠. 심하게는 어떻게 돈을 뜯을까 궁리하는 사람도 있고요. 그런데 조립식이면, 그 사람이 잠자고 딱 일어났는데 건물이 다 서 있는 거죠. 민원을 생각하는 동안, 아니면 주말에 어디 다녀온 동안 공사가 다 끝나는 거예요.

실제로 가능합니다. 재료비가 좀 비싸서 비용이 좀 더 들지만, 공사 기간을 대폭 줄일 수 있으니 인건비가 낮아집니다. 또한 공정이 간단하니까 위험부담이 줄어들죠. 그리고 만약에 이게 임대건

서래마을 근린생활시설 겸 단독주택 전경.

물이라면, 공사 기간을 5개월에서 3개월로 줄이면 2개월 더 임대를 줄 수 있는 거잖아요. 어떤 재료를 사용하고 어떻게 준비하느냐에 따라, 새로운 가치를 만들어낼 수 있는 거죠.

    기본적으로는 철골, 콘크리트, 목구조 세 가지를 다 써봤습니다. 그리고 외부에는 검정색 전벽돌을 사용했습니다. 그리고 유리, 노출콘크리트입니다. 외관은 무척 심플합니다. 몇 가지 재료가 없죠. 노출콘크리트, 벽돌, 유리가 전부입니다. 그다음에 몇 가지 부재료가 있습니다. 앞에다 다리를 하나 놓았는데 금속으로 구조를 만들고 위에 나무판을 댔습니다. 페인트로 칠한 부분도 조금 있습니다. 내부도 노출콘크리트로 마감했습니다.

제가 설계를 하면서 계속 느끼는 건데요. 흰색과 검정색, 이 두 가지 기본적인 색깔이 잘 어울리고요. 흙, 나무, 돌 같은 원시적인 재료들이 잘 어울립니다. 이런 기본적인 재료들은 어디에 어떻게 갖다놓아도 잘 어울립니다. 저는 그쪽을 볼 수 있지만 그들은 저를 못보는 거죠.

전벽돌은 중간중간에 구멍을 두고 쌓는 벌집쌓기로 시공했습니다. 건너편에 5층짜리 연립주택이 있어서 프라이버시 때문에 벽돌로 사이사이를 가린 거죠. 그런데 이 건물을 지은 지 3년 정도 되었는데요. 건너편에 사는 사람들이 여기에 제가 사는지 몰라요. 집인지도 모릅니다.

외부는 전벽돌, 노출콘크리트, 유리, 이렇게 세 가지가 주재료입니다. 그리고 마당을 위해 건물을 뒤로 조금 뺀 대신, 거리감을 느끼지 않게 철재로 다리를 놔서 바로 2층에 올라갈 수 있게끔 했습니다. 그리고 중정에서 위를 보면 천장에 알루미늄 루버가 있고요.

건물 안으로 들어가면, 바닥에 전벽돌 타일이 깔려 있습니다. 엘리베이터 안도 전벽돌 타일입니다. 심리적으로 답답함을 느끼지 않도록 외부와 내부의 경계를 없애는 거죠. 막판에 자금이 다 떨어져서 아쉽게도, 마당에는 제가 원하는 재료를 쓰지 못했습니다. 가장 저렴하면서 재료상에서 빨리 처분하고 싶어 하는 재료를 구해서 깔았습니다. 집을 짓다 보면, 막판에 자금 상황이 여의치 않은 경우가 왕왕 생기기 때문에 이런 부분도 염두에 두면 좋을 것 같습니다.

지하로 가면 제가 스튜디오로 쓰는 사무실이 있습니다. 혼자서 작업할 때 주로 쓰고 있습니다. 보시면 목재, 벽돌, 콘크리트를 이용해서 꾸몄고요. 공간이 그리 크지 않지만 답답하지 않습니다.

지하 1층의 또다른 부분은 현재 매장으로 쓰이고 있습니다. 이 바닥은 제가 실패한 사례입니다. 금이 많이 가 있습니다. 콘크리트 기초에 배수판을 깔고 그 위에 다시 콘크리트를 친 건데요. 임대를 들어온 사람이 인테리어 공사를 하면서 콘크리트 폴리싱을 했어요. 이건 콘크리트를 갈아서 맨들맨들하게 만들고 위에 표면강화제를 바르는 건데요.

그런데 콘크리트를 갈 때 그 진동이 엄청나더라고요. 1t짜리 기계가 돌아가면서 콘크리트를 매끄럽게 만듭니다. 1~2개월 지나서 보니까 쫙쫙 갈라지는 거예요. 진동으로 무근콘크리트 바닥이 다 멍이 들어서 깨진 거죠. 그때 제가 그걸 멈추도록 하지 못한 게 아직도 후회됩니다.

저희 집 내부는 기본적으로 나무로 마감되어 있습니다. 내부는

서래마을 주택 내부

목재 기둥식(중목구조)으로 되어 있고요. 화장실에도 천창이 있어서, 습기가 바로 빠질 수 있도록 했습니다. 지붕은 알루미늄 징크로 했습니다. 중정을 만들고 나무를 깔았는데요. 이 나무가 곰팡이가 핀다는 문제의 나무입니다. 거무죽죽해졌는데 교체해야겠죠?

이어서 설계와 시공 사례 두 가지를 간단히 살펴보고자 합니다. 첫 번째 소개할 건물은 굉장히 저렴하게 지은 건물입니다. 뒤에는 드라이비트를 썼고 앞에는 샌드스톤(sandstone, 사암)을 썼습니다. 이 샌드스톤을 코팅했어야 했는데, 건축주가 자금이 부족해서 못 했습니다.

비용을 적게 들이지만 괜찮게 보이게 하기 위해 선택과 집중을 했습니다. 뒤에는 조그마한 골목이어서 대로 쪽인 앞에만 힘을 줬습니다. 재료는 세 가지 패턴을 이용해서 변화를 주었습니다. 재료가 간단한 대신 변형을 주려고 했습니다. 커튼월이라는 것이 있는데요. 커튼월이란 건물 전체를 유리로 덮는 걸 말합니다. 저층일 때는 비용이 그리 높지 않습니다. 고층일 때는 위에 올라가서 작업을 해야 하기 때문에 비용이 많이 들죠. 건물 외관에다 유리를 딱 붙이는 창문 시스템입니다. 그러려면 프레임에 구조적인 힘이 있어야 하고요. 프레임이 튼튼해야 하기 때문에 비용이 더 들어갑니다. 이 건물은 커튼월은 아니고, 각각 층에 받침이 있습니다. 흔히 통창이라고 하는데요. 층마다 창을 끼운 형태입니다.

이 건물은 판교에 지은 건데요. 친구가 살 집의 설계와 시공을 맡았습니다. 그 친구가 저한테 평면을 다 그려서 주는 바람에 설계에 애를 먹었던 건물입니다. 외관은 기존 벽돌입니다. 여기에서도 재료의 변주를 통해서 재미를 주었습니다. 앞면은 깬 다음 붙이고 옆면은 매끈한 상태 그대로 붙였습니다. 한 면만 힘을 준 거죠.

외관에는 유리와 벽돌과 노출콘크리트, 이 세 가지 재료를 사용했습니다. 사진상에서 위쪽은 깬 벽돌로 음영이 들어가 있는데, 아래는 매끈하죠. 여기에 사연이 있습니다. 미장하는 인부가 줄눈을 다 꼼꼼하게 메운 거예요. 다 똑같이요. 제가 이거를 다 파내서 다시 해야 한다고 했는데, 그 친구가 말렸어요. 그럼 그 사람 도망

판교 주택.

갈 것 같다고요. 그래서 어쩔 수 없이 밑에는 밋밋하게 됐습니다.

여태까지 여러 건물을 했지만, 많이 못 써본 재료는 돌입니다. 몇 되지 않는 프로젝트 중 기억에 남는 것은 저희 아버지 건물입니다. 아버지가 건물을 짓는다고 해서 모던하게 설계했습니다. 그런데 나중에 가보니 1층 기둥에 두껍돌이라고 해서 볼록하게 생긴 돌을 붙여놓은 거예요. 모던한 건물에 그런 걸 해놓으니까 완전 이상했죠.

 내가 원하는 집, 내가 필요로 하는 공간은 무엇일까?

여러분 모두 건축주로서 건물을 짓고자 하기 때문에 이 수업을 찾아왔을 것이라 생각합니다. 머릿속에 그리는 집의 모습이 있겠지만, 저는 거기서 한발 더 나아가야 한다고 생각합니다. 그리고 치밀하게 준비를 해야 합니다.

본인이 무엇을 원하는지 알아내는 게 중요합니다. 보편적이고 간단한 말처럼 들리죠. 건축가가 하는 첫 번째 일이 뭐냐면, 상대방이 뭘 원하는지 찾아내는 것입니다. 머릿속에 대략적인 공간을 그려보고 집과 관련한 사진을 자주 접하기 때문에, 자신이 원하는 형태가 있다고 생각하지만 실제로는 그렇지 않은 경우가 꽤 많습니다. 또한 머릿속에 여러분이 그리는 공간은 대개 그동안 많이 봤던 형태, 친숙한 형태입니다. 대표적으로 아파트 평면이죠. 많이 접하는 공간에 한정되어 있기 때문에, 새로운 관점에서 본인이 진짜로 생각하는 게 무엇인지 찾아내는 작업이 중요합니다. 또 이럴 때 건축가의 역할이 중요하겠죠. 보다 구체적으로 공간에 대해 접근할 필요가 있습니다. 가령 '아이와 같이 지내는데 이런저런 공간과 어떤 용도가 필요해' 또는 '옛날 추억이 그리워서 어머니와 지냈던 그때의 공간을 재현하고 싶다', 이런 식으로요.

그렇기 때문에 건축가와 만나서 설계를 할 때 함께 이야기를 나누는 과정이 무척 중요합니다. 이때 시간과 노력을 줄이려면 미리 생각을 정리해두면 좋겠죠. 만약 정리가 안 되면 설계가 더뎌질 수밖에 없습니다. 처음에는 A라는 형태의 평면이 괜찮은 것 같았는데, 시간이 지나면 그 평면이 아닌 것 같은 거죠. 그러면 설계가 효율적으로 진행되지 못하겠죠. 중간에 바꿔야 되는 일이 계속 벌어지니까요. 심지어는 시공을 하는 과정 중에도 설계가 바뀌는 경우가 생깁니다. "방 하나가 더 있으면 좋겠어" 또는 "넓은 공간으로 두려고 했는데 쪼개는 게 좋겠어." 이런 이유 때문에 먼저 고민을 충분히 한 다음 명확하게 정리를 하는 게 중요합니다. 주변에 조언을 구할 수도 있겠죠. 하지만 무엇보다 함께 살 가족들과 많은 대화를 나눠야 합니다. 임대 건물이라면 좀 다르지만, 집은 특히 사는 사람의 성향이 많이 반영될 수밖에 없고 또 그래야 하니까요.

제가 요리를 빼어나게 잘하지는 못하지만, 관심이 많습니다. 그래서 저희 집은 주방이 넓고 좋습니다. 주방 공간과 요리 도구에 많은 투자를 했습니다. 반면 안방은 넓지 않고 간소합니다. 저의 경험과 그간의 생활을 바탕으로 안방은 그리 넓을 필요가 없다고 판단한 거죠. 침대와 작은 소파가 있는 정도입니다.

이런 결과는 제 성향과 아내와의 대화 과정에서 나온 거거든요. 침실을 줄이는 대신 다른 공간을 활용하자고 했습니다. 그리고 여기서 잘 생각해야 하는 부분이 있습니다. 건축가들은 집 안의 관리와 전업주부의 생활을 잘 모르는 경우가 많습니다. 예를 들어 다 짓고 났더니 청소기를 둘 데가 없다든가, 손빨래를 해야 하는데 그럴만한 공간이 없다든가 하는 일이 벌어지는 거죠. 건축가가 아무리 치밀하고 섬세하다고 해도, 자기가 경험하지 못한 부분에 대해서는 잘 모를 수밖에 없습니다. 게다가 그런 부분에 대해 건축주의 구체적인 요구 사항을 듣지 못하면 놓치는 공간이 생깁니다.

저도 집을 지으면서 몇 가지 실수를 했습니다. 첫 번째는 청소기를 보관하기 위한 공간을 만들었는데 그게 불편한 거예요. 자투리 공간에 작게 만들었는데요. 살다 보니 그 공간이 주공간이 되더라고요. 전업주부들은 청소기를 매일 쓰잖아요. 우리가 불편함을 느끼는 요소에는 여러 종류가 있습니다. 개인차도 있을 테고요. 하지만 보통 자주 쓰게 되면 불편함에 대해 무감각해지는 경향이 있습니다. 익숙해지는 거죠. 반면에 불편함이 굉장히 크게 다가오는 건 어떤 경우냐면요. 어쩌다 한두 번 해야 하는데 그게 불편하면 무척이나 크게 다가옵니다.

두 번째는 집에 마당이 두 개 있는데, 수도를 하나만 만든 겁니다. 호스로 해서 옥상에 닿게 하면 되지 했는데, 막상 해보니 힘들더라고요. 계단을 오르락내리락 해야 하는 것부터 시작해서, 과정이 너무 복잡해요. 그런 세세한 부분까지 신경 써서 설계해야 합니다. 그리고 집마다 차이가 있지만, 전업주부의 생활이 어떤지 잘 알아야 합니다. 전업주부가 아니더라도 한두 달 정도 그 역할을 해보면 어떤 불편이 있고 어떤 게 필요한지 알 수 있겠죠.

세 번째는 창고입니다. 창고를 집 안의 구석에 만들었습니다. 약간 외진 곳에요. 창고니까 그렇게 한 거죠. 그런데 아내가 들어가는 게 귀찮으니까 문 앞에다가 물건을 던져놓는 거예요. 이처럼 작은 불편함, 사소한 부분들이 쌓여서 공간이 어지러워지거나 정리가 안 되는 일이 벌어지는 거죠. 이런 지점들에 대해 미리 잘 고려하고, 가능하다면 직접 경험해보는 것도 좋습니다.

건축과 디자인 밸류

건축은 낭만적이어야 하지만, 현실은 낭만적이지 않죠. 상황 판단을 잘해야 합니다. 건물을 지으면 항상 주변에서 민원이 들어오잖아요. 생활을 할 때도 그렇지만, 공사 중에 옆집과의 관계가 무척 중요합니다.

또 내가 여기에 돈을 투자할 만한 가치가 있는지 따져볼 필요가 있죠. 집을 짓는 분들은, 막말로 본인들이 엉덩이를 깔고 살 곳이기 때문에 아파트처럼 투자의 목적과는 거리가 좀 있죠. 직접 살 집은 아파트처럼 가격이 오르면 언제든지 팔 준비를 하는 곳과는 분명 차이가 있으니까요. 하지만 상가, 또는 임대와 주거가 동시에 이루어지는 복합건물 같은 경우에는 얘기가 좀 다르죠. 내가 얼마만큼 투자를 할 것인가를 잘 생각해야 합니다. 어느 정도를 투자하는 게 적당할지, 투자를 하면 얼마나 가치가 있을지에 대해서요.

물론 가격이 오르는 지역을 사게 되면 좋죠. 제 경험인데요. 연남동에 숲길 공원이 완성되기 전에 땅을 보러간 적이 있습니다. 철길 바로 옆 건물이었습니다. 평당 가격이 얼마인지 물었죠. 평당 2천 5백만 원, 3천만 원, 이러는 거예요. 당시에 '야, 말도 안 된다. 어떻게 여기가 3천만 원이나 돼' 하고 생각했는데 지금은 7천만 원에서 1억 원까지 간다고 하지 않습니까. 그런 게 좋을 수 있죠. 자산이 늘어나니까요.

그런데 건물은 어쨌든 팔리지 않으면 돈은 아닙니다. 건물을 팔지 않으면 그건 숫자일 뿐이죠. 그리고 땅값이 멈출 줄 모르고 오르는 게 꼭 좋은 건 아니라고 생각합니다. 제가 생각하기에 건물주로서 좋은 동네는 가격이 너무 오르지도 않고 또 너무 내려가지도 않으면서 안정적으로 상권이 형성되어 있는 곳입니다. 임차인이 장사를 해서 충분히 먹고살 만한 여건이 되는 거죠. 임대 들어온 사람이 돈을 못 벌면, 그리고 그 이상의 돈을 받으려고 하면 그 동네는 결국에 망합니다. 공실률도 자연히 높아지겠죠. 한번 생각해보세요. 부동산에 임대하려고 건물을 내놓았어요. 그럼 부동산에 대략 한 달 치 임대료를 줘야 하죠. 그런데 한두 달 동안 들어올 사람을 못 찾았어요. 그러면 1년 12개월 중에 2, 3개월은 공실이 되는 거죠. 누가 봐도 손해입니다. 결국에는 안정적으로 오래가는 게 좋은 임대라고 생각합니다. 어떻게 보면 아주 기본적인 거죠.

또 하나는 디자인 전략에 대한 이야기입니다. 여러분 중에도 개인적인 성향에 따라 원하는 건물이 다를 겁니다. 누구는 경제적이고 효율적인 집, 또 누구는 돈이 좀 더 들더라도 멋있고 아름다운 집, 이렇게 각각 다르겠죠. 사실 어떤 게 좋다고 단언할 수는 없습니다. 중요한 것은 계획을 어떻게 짜느냐라고 생각합니다.

저희들이 이야기할 때, 디자인 밸류(Design Value)라고 하거든요. 말 그대로 디자인이 갖는 경제적 가치를 따져보는 거죠. 농담으로 하는 말 중에 "인생을 사는 데는, 고시 세 개를 모두 패스하는 것보다 예쁘고 잘생긴 게 더 낫다" 하는 식의 얘기가 있잖아요. 어떤 게 아름다운 것인지는 더 따져볼 만한 문제이지만, 아름다움만이 가진 고유한 가치가 분명 있습니다. 예쁘고 아름다운 곳에 사람들도 머물고 싶어 하기 때문에 가치가 생기는 거죠.

건물을 잘 지어놓으면 공실률이 적거나 임대료를 조금 더 받을 수 있겠죠. 한편 반대도 있겠죠. 작지만 알차게 경제적으로 짓기를 원하는 사람도 있겠죠. 이러한 생각을 다듬어 보다 전략적으로 고민할 필요가 있습니다. 건축가랑 얘기를 나눌 때부터요. 안 그러면 서로 헷갈려서 갈팡질팡하게 되죠.

많은 사람이 저렴하지만 좋은 집을 짓고 싶어 합니다. 아마 모두 같은 마음일 것 같은데요. 그런데 사실 저렴한 건물은 굉장히 어려운 설계입니다. 평당 5백만 원에 짓는 거를 평당 천만 원 주면서 잘 지어달라고 하는 것은 쉽죠. 돈 많이 들여서 잘 짓는 거는 쉽죠. 하지만 돈을 적게 들이면서 잘 짓기는 어렵습니다. 좋은 설계를 하려고 한다면요. 비용을 줄인다는 것은 또 다른 면이기 때문에 이런 부분을 잘 생각한 다음 준비해야 합니다.

단순하지만
힘이 느껴지는 건축

세계적으로 유명한 건축물과 제가 흥미롭게 본 한국의 건축물 몇 군데를 소개하려고 합니다. 재료의 쓰임은 물론 앞으로 살게 될 집에 대한 좋은 참고자료가 될 수 있을 것 같습니다.

옆 사진은 가우디(Antoni Gaudi)가 지은 사그라다 파밀리아(Sagrada Familia) 성당입니다. 가우디가 이 건물의 주임 건축가가 된 게 1883년입니다. 도면이 다 완성되지 않은 상태에서 가우디가 죽었습니다. 그 이후에 다른 건축가가 계속 이어서 지은 거죠. 이 건물도 뜯어서 보면, 디테일이 뛰어나서 그렇지 외관에 쓰인 재료가 그리 많지 않습니다. 저는 개인적으로 이 건물이 원시적인 곳으로 돌아가고 싶어 하는 사람들의 욕구를 잘 반영했다고 생각합니다. 디테일은 살리되 원시적인 재료를 사용함으로써 이런 부분을 극대화한 것 같아요.

계속해서 원시적, 자연적, 이런 얘기를 했는데요. 저는 나무 한 그루보다 위대한 건축물은 없다고 생각합니다. 이 건물 외에도 다양한 건물들을 조금씩 보여드릴 텐데요. 재료는 대부분 자연적인 재료로 단순하게 구성되어 있습니다.

이 성당도 콘크리트와 벽돌로 구축해나간 것입니다. 스페인은

사그라다 파밀리아. ⓒLuciano Mortula - LGM / shutterstock.com

건축을 하기에 좋은 조건의 나라인데요. 날씨가 온화하고 먼지가 많지 않습니다. 우리나라처럼 건물에 때가 많이 끼지 않고, 사계절에 대한 대비를 덜 해도 됩니다. 이런 면에서 건축에 좋은 환경이라고 볼 수 있죠.

다음은 동대문디자인플라자(DDP)입니다. 자하 하디드(Zaha Hadid)라는 건축가가 설계했습니다. 이 건물도 보면 외부는 타공되어 있는 패널이고요. 하단부를 비롯한 일부분이 노출콘크리트로 되어 있습니다. 건물 전체를 봤을 때, 재료는 두 가지 정도로 보입니다. 많지 않은 재료를 변주한 거죠. 형태를 바꿈으로써 단순함 속에 변화를 주었기 때문에, 사람들이 봤을 때 아름답고 힘이 있다고 느끼는 거죠.

그다음은 시드니 오페라 하우스(Sydney Opera House)입니다. 이 건물의 핵심은 조개껍데기 모양의 외양인데요. 굉장히 수려하죠. 시드니 오페라 하우스 하면 누구나 떠올리는 대표적인 모습입니다. 여기도 보면 하부와 상부로 나눠 총 두 가지로 구성되어 있습니다. 외양 부분은 세라믹 타일을 붙인 겁니다.

시드니 오페라 하우스는 공모전을 통해서 설계자를 선정했습니다. 덴마크의 건축가 요른 웃손(Jørn Utzon)이 제출한 안이 당선되었는데요. 짓는 과정에 우여곡절이 많아 완공하는 데 18년이 걸렸습니다. 설계자의 경제적인 부분과 시공 부분에 대한 고려가 부족했다고 볼 수 있을 것 같아요. 시공 과정에서 시행착오가 많았습니다. 결국 요른 웃손은 도중에 해고를 당하고 실내를 비롯한 나머지 부분은 다른 건축가의 손에 맡겨졌습니다. 예산도 초기 계획보다 20배가 늘어났다고 합니다. 하지만 이 건물로 인해 도시와 나라의 브랜드 가치는 엄청나게 올라갔죠.

다음은 '근대건축의 아버지'라고 불리는 르 코르뷔지에(Le Corbusier)의 작품, 롱샹 성당(Chapelle de Ronchamp)입니다. 콘크리트

동대문디자인플라자. ⓒT. Dallas / shutterstock.com

시드니 오페라 하우스.

로 지어졌습니다. 르 코르뷔지에는 아파트의 원형을 생각해내고, 근대도시의 형태를 만들어낸 사람이죠. 이 건물을 보면 두꺼운 콘크리트 벽 하나입니다. 단순한 구조이지만, 콘크리트 두께의 깊이를 통해서 빛을 들어오고 나가게 하는 기법이 쓰였습니다. 아주 단순하지만 원시적인 힘을 느낄 수 있는 건축물입니다.

다음으로는 한국에 있는 서편재라는 건물입니다. 건축가 이재성의 작품입니다. 일본에서 수입한 나무를 꺾어서 외장을 했습니다. 이 건물도 굉장히 단순합니다. 안을 보면 커튼월입니다. 유리에다가 나무를 씌운 거죠. 내부도 보시면 노출콘크리트입니다. 지붕을 노출콘크리트로 하려면, 전기와 배선을 미리 심어놔야 합니다. 거푸집을 떼면 모든 마감이 끝나는 거죠. 그리고 철골 구조이고요. ㅁ자로 된 각파이프 기둥을 3m 간격으로 설치했고, 바닥은 콘크리트 위에 모르타르와 표면강화제를 발라서 평평하게 잡은 겁니다.

마지막 건물은 보면 볼수록 괜찮아서 집어넣었습니다. 논현동의 d'A 프로젝트라는 건물인데요. 2017년 서울시 건축상 신축 부문에서 최우수상을 받은 건물입니다. 건축가 이상대가 설계했습니다. 외부에 하얗게 보이는 것은 인조 대리석입니다. 이탈리아에서 갖고 온 인조 대리석이라고 합니다. 그리고 오픈 조인트 방식으로 돌을 붙였습니다. 오픈 조인트는 바탕면과 돌 사이에 환기시킬 수 있도록 돌과 돌 사이의 틈을 막지 않고 시공하는 방식입니다.

롱샹 성당.

서편재. ⓒ신경섭

흔히 외장재로 돌을 쓸 때는 돌을 붙인 다음 돌과 돌 사이에 코킹을 쏩니다. 하지만 그리 좋은 방법이 아닙니다. 코킹을 쏴서 깨끗하게 마무리가 되고 방수가 된다고 생각을 하는데 꼭 그렇지 않습니다. 방수는 돌을 붙이기 전에, 바탕을 만들 때 해야 하거든요. 코킹으로 할 경우, 코킹과 돌이 만나서 화학반응이 일어나기도 합니다. 외관상 안 좋죠. 반면 오픈 조인트는 코킹을 쏘지 않기 때문에 그런 문제를 미연에 방지할 수 있죠.

여섯 개의 건물 모두 다 아름답고 훌륭한 작품이라고 생각합

d'A 프로젝트. ⓒ남궁선

니다. 그런데 말씀드렸듯이 사용된 재료는 몇 가지 없습니다. 여러분도 처음에 집을 구상할 때 너무 많은 재료를 생각하지 않기를 추천합니다. 세 가지 이상은 지양하는 게 좋습니다. 다른 건축가 역시 그렇게 재료를 쓸 겁니다.

 마지막으로 건물을 하는 데 여력이 된다면, 사인 디자인(sign design)을 하는 게 좋습니다. 사인 디자인은 화룡점정과 같은 부분이죠. 건물의 주소, 가게의 이름을 그냥 쓰는 게 아니라 사인 디자인으로 제대로 해놓으면 건물이 확 살아납니다. 그런데 대부분 막바지에 힘이 많이 떨어져서 이런 부분을 많이 놓치곤 합니다.

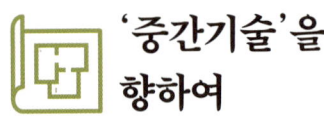

'중간기술'을 향하여

건축을 하면 할수록 책임감과 부담감을 많이 느낍니다. 일단 건물이 완공되면 아이가 태어난 것처럼 기쁘기도 한데요. 그 말은 다르게 생각하면, 평생 제가 책임을 져야 한다는 거잖아요. 건축물대장을 떼면 제 이름이 나오거든요. 그런 일은 없어야겠지만, 그 건물에서 사람이 떨어지는 사고가 일어났는데 나중에 확인해보니 거기에 난간이 설치가 안 되어 있다든지, 이러면 안 되잖아요. 또 문 여는 방향을 잘못 설계해서 누가 문을 열다가 다쳤다든지. 아주 세세한 부분까지 신경이 쓰이게 됩니다. 거기에다 제가 시공까지 관여했다면 책임과 부담은 더 커지죠. 간혹 비가 많이 내리면, 자다가도 비가 새지 않는지, 물은 잘 빠지는지 확인하러 가기도 합니다.

이런 식으로 건물을 짓는다는 일이 주는 압박이 많습니다. 사실 아름다운 것도 중요하지만 기본적인 기능과 안전 사항을 갖추지 못하면 그건 아무것도 아니죠. 아름다운 쓰레기죠. 그렇기에 기능에 충실할 수 있는 기본을 잡고 그다음에 우리가 원하는 가치를 넣어야 한다고 생각합니다. 그 기본에는 재료의 적절한 사용도 있다고 볼 수 있습니다.

저는 '중간기술'이라는 말을 종종 쓰는데요. 대학교 다닐 때 선배들이 이사를 하면 매일 불려다녔습니다. 도배하라고요. 제가 도배를 꼼꼼하게 잘했어요. 건축학과에서 매일 자르고 붙이고 했으니, 아무래도 조금 낫긴 하겠죠. 그런데 아무리 그렇다고 해도 처음부터 도배를 할 줄 아나요. 당연히 모르죠. 선배가 알려준 거 듣고 그대로 해보는 거죠. 이렇게 맞췄다가 저렇게 맞췄다가 시행착오를 겪죠. 그렇게 몇 번 하다 보니 기술이 계속 좋아지잖아요. 완성도가 높아집니다. 그러면 또 소문이 나니까 자주 불려다니고, 또 자주 하다 보니 실력이 더 좋아지죠. 나름 노하우도 생기고요.

이런 식으로 재료를 어떻게 다루느냐에 따라서 모든 게 달라지는 거죠. 방수 시트 하나를 붙이더라도 정교하게 붙이느냐 그렇게 못 하느냐에 따라서 엄청난 차이가 생깁니다. 그 얼마 안 되는 1~2㎜ 오차로 잘못 시공하면 거기로 빗물이 들어갑니다. 물론 처음에는 별 거 아니죠. 하지만 그렇게 몇 년이 쌓입니다. 3~4년 지나면 어디선가 물이 똑똑 떨어집니다. 근데 그걸 찾기가 힘들어요. 방수 시트 위에 시멘트를 바르니까요. 어디에 뭐가 있는지 모르죠. 그래서 재료의 기본, 즉 올바른 재료와 정확한 시공이 중요합니다.

강의를 하러 오기 전에 몇 가지 생각을 했는데요. 여러분들이 이 재료에 대한 이야기에 얼마나 공감을 할까 걱정이 되기도 했습니다. 조금 전 말씀드린 중간기술이 뭐냐면, 한두 번 해보면 할 수 있는 기술이죠. 벽지를 바르는 일처럼요. 만약 자기가 할 수 있으면 꼭 도배공을 부르지 않아도 되죠.

건축은 의식주 중 하나입니다. 음식도 그렇죠. 자주 외식을 하지만 우리 집에서 요리를 하지 않고 요리사를 불러서 요리를 해먹는다, 이런 생각을 웬만해선 안 하잖아요. 외식 물론 좋습니다. 하지만 스스로 재료를 구해서 요리하는 과정은 일이지만 동시에 즐거움이면서 행복이죠. 건축도 마찬가지라고 생각합니다. 스스로 누려야 할 삶의 권리라고 생각합니다. 그렇기 때문에 생활과 멀어지면 안 돼요. 자기 것, 자기 안에 있어야 되고요. 자기가 할 수 있어야 하죠. 옛날 사람들은 스스로 집 짓고 다 했잖아요. 지금은 사고팔고

누군가에게 맡기는 식으로 되었지만요. 꼭 나쁘다고 볼 문제는 아니지만, 스스로 뭘 만들기보다는 구매하는 게 익숙한 사회가 된 점은 확실한 것 같습니다. 사실 여러분이 사는 공간은 여러분의 권리 중 하나인 거죠. 그래서 이런 정보를 함께 나누면 좋겠다는 생각을 한 겁니다. 이런 능력을 갖추고 있으면, 제 능력이나 여러분의 능력이 큰 차이가 없는 거죠. 그다음은 누가 더 많이, 누가 더 정성들여 해봤느냐는 차이만 남는 거죠.

여러분 중에는 스스로 재료를 가지고 이것저것 만들어보는 걸 좋아하는 분도 있을 테고, 그런 것과 약간 거리가 먼 분들도 있을 거예요. 그래서 또 한 가지 생각을 했어요. 이분들이 어떻게 하면 좋은 건축주 또는 건물주가 되도록 도울 수 있을까. 요새는 건물주를 '주님'이라고 부른다면서요. 어느 날 제 집 근처를 지나가면서 앞에 두 사람이 하는 얘기들 들어봤는데요. 주님이 어쩌고저쩌고 하는 거예요. 알고 보니 제 얘기였던 거죠. 여러분이 좋은 주님이 되기 위해서 무엇보다 건물의 유지관리 방법을 알아야 합니다. 일단 건물이 지어졌다고 하면, 기본적인 유지관리에 필요한 기초를 알아야 합니다. 직접 하지는 못하더라도 조금은 알아야 합니다. 알아야 누구를 시키든가 하죠. 유지관리는 대개 비슷합니다. 1년 동안 필수적으로 해야 하는 매뉴얼이 있습니다. 정화조 청소, 펌프 확인, 방충 작업, 동파 방지 작업 등이 기본적인 사이클입니다.

 # 결국에는
사람의 일

한편으로 어떻게 보면 여러분은 경영자의 마인드를 가져야 한다고 생각합니다. 그중에 하나가 뭐냐면 사람을 잘 골라야 하죠. 건축을 잘하려면 설계 잘하는 사람, 나와 잘 맞는 사람을 골라야 하죠. 그러고 나서는 시공을 잘하는 사람을 찾아야 하죠. 이제 건물이 생기면 세금을 내야 합니다. 임대용 건물이라면 임차인도 만나야 하죠. 그러니까 사람을 잘 만나고 사람을 잘 고르는 일이 중요할 수밖에 없습니다.

그러려면 사람에 대해서 예민하고 민감해야 하죠. 가령 부부가 있어요. 한 명은 고집이 세고, 한 명은 유연한 스타일이에요. 그러면 유연한 사람한테 건물 관리를 맡겨야 합니다. 고집이 센 사람은 뒤에 있고요. 유연한 사람이 앞에 나서야 하는 거죠. 그래야 좋은 사람들과 지속적으로 네트워크를 이어갈 수 있죠.

또한, 감수성을 길러야 하겠죠. 건물에 관심이 많으니까, 좋은 건축 사진 같은 거를 인터넷에서 많이 찾아보는데요. 그런 것도 좋지만요. 좋은 사람들을 많이 봐야 합니다. 좋은 건축가를 많이 보고, 건축 전시가 있으면 직접 찾아가서 감각을 키워야 합니다. 결국에 여러분이 원하는 일을 해줄 수 있는 사람은 그들이기 때문에 관심을 가져야 합니다.

많은 분이 많은 부분을 스스로 해결할 능력을 갖고 있을 겁니다. 하지만 스스로 못하는 부분은 항상 있기 마련이죠. 결국에는 누군가의 도움을 받을 수밖에 없습니다. 그런 이유에서라도 사람에 대해서 관심을 가져야 합니다. 주택 공사에서 누가 방수를 잘하지, 이런 것에 대해 저는 늘 고민합니다. 방수하는 방법이야 저도 알죠. 하지만 제가 모든 현장에 가서 다 할 수 없잖아요. 그러니까 방수 전문가를 찾는 게 제 일이죠.

여러분도 직접 공사를 하지 않잖아요. 그러려면 전문가가 누구인지 찾고, 사람에 대한 리서치를 많이 해야 합니다. 건축 이론, 건축 설계, 건축의 구성 등에 대한 공부도 물론 중요합니다. 하지만 사람에 대해서 민감하게 고민해야 여러분의 목표를 훌륭하게 이룰 수 있으리라 생각합니다.

실패하지 않는 내 집 짓기를 위한
Check List

- ✔ 각 재료의 특성과 상황에 맞는 재료를 이해하자.
- ✔ 재료는 비용과도 밀접한 관계를 맺는다.
- ✔ 좋은 건축물, 좋은 집을 많이 보고 직접 느껴보자.
- ✔ 재료를 직접 써보고, 집을 직접 고쳐보자.
- ✔ 집 짓기에도 전략이 필요하다. 경영자의 마인드를 갖자.

6장

우리
가족을
위한
집꾸밈

조성익 교수

집의 스타일에 앞서 우리가 해야 할 것은,
거실이라는 공간을 만들거나 꾸미기 전에
내 가족부터 찬찬히 들여다보는 일이에요.
가족회의를 해야 할지도 모릅니다.
그래서 "우리 가족이 아파트에 살면서 함께 하는 게
하나도 없잖아. 만약에 같이한다면 뭐 할래?"
"북카페처럼 만들면 책장하고 큰 테이블을 둔 다음에
같이 책 읽을래? 정말 할 거야?" 이렇게 물어야 돼요.

지금까지 여덟 번의 강의를 들었습니다. 그럼, 집 다 지었겠는데요. 자, 이제는 집꾸미기를 해볼 차례입니다. 집이 다 지어졌다면 지금부터 할 일은 '어떻게 하면 우리 집을 가족들과 함께 유용하게 쓸 수 있을까?'라는 고민에 집중하는 겁니다.

실내건축은 영어로 인테리어(interior)라고 하잖아요. 그런데 저는 국어로 순화를 해보려고, '집꾸밈'이라는 단어를 씁니다. 이유는, 단순히 집 내부를 장식한다는 생각을 넘어, 집의 공간을 우리 가족에 맞추어 꾸며 간다는 의미를 담고 싶기 때문입니다.

공포의 한국식 인테리어

이 사진 아세요? 한때 인터넷에서 화제가 되었던 건데요. '공포의 한국식 인테리어'라고 하더라고요. 여기 보면 외국의 예쁜 방이 있습니다. 화이트풍으로 아주 깔끔하고 세련된 이 방이, 차차 한국식 인테리어로 바뀌어가는 모습을 볼 수 있습니다. 첫 번째는 천장에 원형 형광등을 다는 것부터 시작합니다. 다음으로 포인트 벽지를 바릅니다. 흔히 체리목이라고 하죠. 천장 테두리 몰딩을 하고요. 마지막으로 노란 장판과 꽃무늬 시트를 놓으면 공포의 한국식 인테리어가 완성됩니다.

　이 사진을 보며 모두 웃으시겠지만, 많은 집들이 이런 모습에서 크게 벗어나지 않죠. 그럼, 공포의 한국식 인테리어를 어떻게 하면 피할 수 있을까요?

　좋은 인테리어와 집꾸밈의 적들을 몇 가지 적어봤습니다. 먼저 형광등 조명입니다. 아늑하다기보다는 차가운 느낌을 주는 조명이죠. 다음은 우물 천장인데요. 천장을 네모로 파서 그 안에 등을 쏙 집어넣는 거죠. 천장이 높아 보이게 한다는 미명하에 많은 아파트에 적용합니다. 그리고 땡땡이무늬 커튼, 포인트 벽지, 체리 몰딩, 버리지 못한 피아노, 선물로 받은 화분이 있습니다. 여행지에서 사

인터넷에서 공포의 한국식 인테리어가 만들어지는 과정이라고 불린 사진.

온 기념품 스노우볼이나 냉장고 자석 같은 소품도 있습니다. 이런 것들이 만약 여러분이 새로 지은 집에 들어가면 슬슬 공포의 인테리어로 바뀝니다.

호텔 같아, 카페 같아

좋은 분위기의 내부 공간이란 뭘까요? 여러분이 어느 집에서 인테리어가 좋다고 느낄 때 하는 말이 "이 집 카페 같아요"라던가, "이 집 호텔 같아요"라는 말입니다. 혹시 누군가 여러분 집에 초대된 손님이 이 두 마디 얘기를 해준다면 참 잘 꾸몄다는 뜻입니다. 그런데 잠시만 생각해보죠. 카페는 공공의 사람이 커피를 마시는 곳이고요. 호텔은 다양한 손님들이 와서 자는 방이죠. 방 청소는 호텔 측에서 서비스로 하고요. 새로 온 손님을 위해 무언가 세팅을 해두는 공간이 카페와 호텔입니다.

그러니까 사실 생활하는 집을 칭찬하는 말로는 어울리지 않죠. 호텔이 호텔다운 이유는 그 인테리어에 서비스까지 포함되어 있기 때문이죠. 반면 우리 대부분은 자고 일어난 다음 침대 정리를 직접 해야 하고요. 아침에 바쁘면 그런 거 챙길 새도 없죠. 호텔 같은 집을 만들어내기가 쉽지 않습니다. 주인이 손님을 맞이하는 공간인 카페도 그렇고요. 공간의 주인과 사용자가 다른 것이 이런 상업 공간이고, 우리의 주거는 그 두 가지가 하나인 경우고요.

좋은 공간을 말하는 다른 표현들은 뭐가 있을까요. "모던해", "심플해", "고급스러워" 등등. 이런 표현들이요. 카페, 호텔도 그렇지만, 이런 표현들도 구체적인 이유없이 반복해서 사용되는 말들입니다. 어찌 보면 우리가 좋은 공간을 얘기할 때 쓰는 말이 매우 제한되어 있고 획일적이라는 걸 알 수 있어요. 여러분은 각각 다양한 개성을 갖고 있음에도, 한국식 인테리어를 공포스러워 하고, 카페 같은 곳, 호텔 같은 곳을 좋아하고, 세련되고 깔끔한 스타일의 집을 원합니다. 자신이 원하는 공간의 분위를 표현하기 위해, 다양한 어휘를 알아둘 필요가 있는 거죠.

좋은 공간을 생각할 때 우리가 떠올리는 것들

여기서 질문을 하나 해보겠습니다. 앞선 강의를 들으면서 여러분 머릿속에는 희미하지만 분명히 공간에 대한 윤곽이 생겼을 거예요. 일단 방이 몇 개인지, 총 몇 층인지, 이러한 기본이 완성되었다 치고요. 잠깐 한 공간을 머릿속에 꾸며보는 거예요. 우리 집 거실을 떠올린 다음, 이 거실이 어땠으면 좋겠는지 생각해보세요. 좀 더 구체적으로는 지금 건축가와 만난 거예요. 그럼 우리 집 거실을 어떻게 해달라고 얘기를 해야겠죠. 나는 어떤 단어로 그 사람한테 내가 원하는 것을 얘기할 수 있는지 생각해보는 겁니다. 종이에 원하는 거실의 이미지를 한번 적어보시죠.

호텔 같은 거실, 카페 같은 편안한 거실, 따뜻하고 아늑한 영국 라운지 같은 거실, 벽난로와 푹신한 소파가 있는 거실, 주방이 보이지 않는 거실, 소박하지만 품위가 느껴지는 거실, 한옥의 분위기가 나는 거실, 창이 크고 밝은 목재를 쓴 거실, 여기 모인 분들이 원하는 공간이네요.

이렇게, 우리가 집에서 떠올리는 좋은 거실이라는 이미지가 크게 다르지 않다는 것을 확인할 수 있습니다. 사실은 비슷비슷하죠. 그런데 "좋은 거실은 뭘까"라는 같은 질문에 대해서 건축가는 어떻게 접근하는지 한번 생각해볼게요.

건축가는 집을 설계할 때 공간의 분위기에 대한 고민보다 먼저, 다음과 같은 질문을 합니다. "거실이 이 가족을 위해 무엇을 하는 방이지?" 네, 텔레비전 보는 공간 맞습니다. 그러면 텔레비전 보는 데 최적화된 형태로 만들면 될 텐데 다들 왜 이렇게 넓게 만들까요. 사실 잘 생각해보면, 대부분의 가족 거실은 텔레비전 보는 공간이라는 얘기가 틀리지 않습니다. 거기서 가족들이 뭘 하나 잘 살펴보면 대체로 소파에 누워서 프로야구나 드라마를 보죠. 그런데 요즘에는 텔레비전도 같이 안 봅니다. 여기 있는 분들의 대부분이 자녀가 있을 텐데요. 텔레비전을 같이 보는 시대는 이제 거의 끝났죠. 배우자가 있어도 슬슬 따로 텔레비전을 보기 시작하시죠. 스마

트폰이나 노트북으로요. 그럼 다시 질문하겠습니다. 여러분의 신축 집에 거실이 왜 필요하죠? 건축가는 이걸 묻습니다. "왜 필요해요?" "뭘 하려는 거죠?"

사실 이유는 이거죠. 가족이 각자 자기 방에 콕 박혀서 얼굴도 안 쳐다보고, 말도 안 할까봐 걱정이 되니, 그나마 거실이라는 곳이 필요한 거예요. 지금 대부분 그런 모습이니까 걱정이 될 만도 하죠. 사실 아파트는 구조 자체가 폐쇄적이어서 개인화될 수밖에 없는 측면이 있습니다. 아이가 문 쾅 닫고 들어가면 안에서 뭘 하는지 전혀 알 수도 없잖아요. 그런데 신축 집은 여러분 마음대로 지을 수 있어요. 자유가 있습니다. 평면부터 시작해서 단면, 높이 다 정할 수 있습니다.

고민을 한번 해보죠. 거실이 어떤 역할을 해야 가족이 모일까요? 거실에서 가족과 무엇을 함께 할 수 있을까요? 내 가족을 한번 떠올려보세요. 아이, 남편, 아내, 부모님, 함께 모여서 할 수 있는 게 뭐가 있을까요? 가령 차를 마시고 대화를 나눌 수 있다고 해봅시다. 그렇다면 우리는 지금부터 거실을 거실이라고 부를 필요가 없습니다. 그동안 아파트에서 반복된 형식의 거실로 꾸미면 안 되는 거죠. 어떻게 하면 대화가 잘 될까, 어떻게 하면 차를 마시는 데 집중할 수 있을까, 또 어떻게 하면 차를 마시면서 음악을 듣거나 책을 볼 수 있을까. 이 질문으로 시작해서, 이 조건에 최적화된 거실을 꾸며야 합니다. 그냥 거실이라고 하면 안 됩니다.

집의 스타일에 앞서 우리가 생각해야 할 것은, 거실이라는 공간을 만들거나 꾸미기 전에 내 가족부터 찬찬히 들여다보는 일이에요. 가족회의를 해야 할지도 모릅니다. 그래서 "우리 가족이 아파트에 살면서 함께 하는 게 하나도 없잖아. 만약에 같이한다면 뭐 할래?", "북카페처럼 만들면 책장하고 큰 테이블을 둔 다음에 같이 책 읽을래? 정말 할 거야?" 이렇게 물어야 돼요.

그러면 지금까지 여러분이 사진으로 봐왔던 호텔이나 카페 같은 거실에서 벗어나서, 더 의미 있는 거실을 꾸미기 위한 아이디어를 얻을 수 있다고 생각합니다. 영국풍 거실 스타일로 꾸미는 것은 쉽습니다. 오히려 그곳에서 어떤 행위를 하고 그것을 하는데 최적화된 모습은 뭘까를 생각하는 것이 어려운 일입니다.

문제는 '같이 뭘 할까?'라는 이 질문에 답을 하는 사람이 의외로 많지 않다는 점이에요. 왜냐? 그다지 생각해본 적이 없거든요. '내가 아들하고 뭘 같이하지?' 중요한 질문입니다. 우리 가족에게 맞는 개성 있는 거실을 만들기 위해서 스타일보다 먼저 생각해야 하는 게 가족의 특성입니다.

임스 부부를 소개합니다

한 가족을 소개하겠습니다. 1949년에 이 가족은 미국 캘리포니아에 집을 지었어요. 찰리 임스, 레이 임스 부부(Chales & Ray Eames)의 집, 케이스 스터디 하우스 No. 8(Case Study House No. 8)입니다. 그리고 거실을 하나 꾸몄어요. 한눈에 봐도 공간이 어수선하죠. 저도 여기에 가봤는데요. 여기에 어떤 스타일이 있느냐 하면 특별히 말할 만한 건 없습니다. 큰 책장에 책이 꽂혀 있죠. 사다리로 올라가도록 해놓았고요. 낮은 소파가 있습니다. 그리고 카펫 몇 개 깔아놓고, 조명 몇 개 달아놓은 게 전부입니다. 집의 외관도 대단할 것은 없어요. 기본적인 박스 형태로 공장처럼 생겼어요. 그리고 이게 제2차 세계대전 당시라서, 이런저런 부품들을 모아서 빠르고 가볍게 지은 거예요. 그리고 캘리포니아는 날씨가 워낙 따뜻해서 단열 같은 것을 생각할 필요도 없습니다.

그럼 이게 뭐 대단한가? 대단할 게 하나도 없는데 정말 대단한 것은 이 부부입니다. 부부가 모두 디자이너였는데요. 평생 함께 일하며 건축도 하고, 가구와 조명도 만들었습니다. 사진도 함께 찍고, 영화도 만들고, 둘 다 유머가 넘치는 장난꾸러기 부부였습니다.

조성익 교수

특별한 것이 없어 보이는 이 부부의 집을, 처음에는 뭔가 싶은데 들여다보면 볼 게 있습니다. 조명 하나도 범상치 않아요. 의자, 벽에 칠한 색깔, 뭔가 전체적으로 잘 구성되어 있지는 않은데요. 한 군데 한 군데 뜯어보면 입가에 슬며시 미소가 지어집니다. 더군다나 이 두 사람이 했던 디자인, 부부 간의 애정, 그리고 두 사람이 집에 쏟은 정성과 집에서 보낸 시간이 떠오르는 공간이에요.

거실을 높고 크게 만든 이유는 장난꾸러기 부부가 해보고 싶은 게 많아서 그래요. 조명도 스스로 만들고, 책장의 책도 이리저리 바꿔보고, 카펫도 이렇게 깔았다 저렇게 깔았다 하고… 이 둘은 직접 그림도 그렸는데요. 작품들을 거실 곳곳에 걸었습니다. 천장에도 하나 달려 있고요. 여행도 많이 다녔습니다. 여행지에서 모은 것으로 집안을 장식했어요. 본인들이 봤을 때 디자인 측면에서 의미 있다고 생각하는 것들을 하나하나 모아서 집을 채운 거죠. 일본, 중국, 아프리카 등등 온갖 스타일이 섞여 있는데도 두 사람이 함께 그것을 골랐다는 이유만으로도 참 아늑하고 따뜻한 기운이 느껴집니다.

이 부부는 이 집의 거실을 두 사람의 놀이터, 뭔가를 함께 만들어내는 놀이터로 쓰면서, 평생 살다가 이 집에서 죽었어요. 제가 꼽는 최고의 거실입니다.

 ## 집꾸밈에 앞서 해야 할 일

이런 얘기를 길게 한 이유는 집꾸밈의 기술적인 지식을 쌓기에 앞서 잠시라도 생각해봐야 하는 문제가 있기 때문이에요. 어떤 노력을 기울여야 집 꾸미기를 잘할 수 있을까요?

첫째, 주변의 좋은 공간을 둘러보는 거예요. 다양한 공간을 둘러볼 필요가 있습니다. 여유가 있다면 임스 부부의 집도 직접 찾아가서 보는 것도 좋겠습니다. 잘 꾸민 공간, 이야기가 있는 공간을 많이 보라는 의미입니다. 좋은 공간에 대해 지속적으로 관심을 갖고, 기회가 되면 찾아가서 눈에 익히는 거죠. 많은 사람이 잡지에 실린 예쁜 집 사진을 뜯어옵니다. 그것도 좋습니다만, 겉으로 보이는 스타일 이전에, 직접 공간을 가서 보고, 그 공간이 어떻게 쓰였는지 보시길 바랍니다. 그리고 내가 함께 살 가족하고 이야기를 나눠봤으면 좋겠어요. 특히 함께 쓰는 거실이라면요. 거실과 주방은 가족과 깊이 있는 대화를 하는 게 좋습니다. "우리 같이 뭘 할 수 있지?", "이 집에 새로 들어가서 뭘 하면 좋을까?", "한 달에 한 번 같이 요리할까?", "한 달에 한 번은 가족회의 할까? 그러면 회의실 하나 만들까?" 이런 식으로요. 우리의 삶을 변화시키고, 가족에게 의미 있는 무엇인가가 담긴 공간을 만들어보는 계획

조성익 교수

을 세우는 거죠.

둘째로 당부하고 싶은 것은, 모든 일을 한 번에 하려고 하면 안 됩니다. 북유럽풍 의자 세트, 테이블, 조명을 한 번에 산 다음, 입주하는 날 파티 열게 해줘! 이런 것보다는 임스 부부처럼 천천히 시간을 들여서 꾸며가는 게 좋다고 생각합니다. 여행을 다니면서 장 하나를 채울까, 아니면 계절마다 꽃을 바꿔놓을까, 그럼 위치는 어디가 좋을까. 이처럼 함께 의논하는 과정을 거쳐서, 시간의 흔적이 쌓이는 공간을 만드는 게 좋다고 생각합니다.

제가 생각하는 가장 아름다운 공간은, 그 안에 시간의 역사가 고스란히 보이는 공간이에요. 임스 부부의 집을 좋아하는 이유도 그러한 점 때문이고요. 만약 이들이 그 모든 것을 한 번에 구입해서 창고에 넣어뒀다가 "자 이제 꾸미자" 하고 꾸몄다고 해보세요. 그러면 이런 자연스런 느낌이 날 수 없어요. 임스 부부의 거실처럼 좋은 기운이 방 안에서 나올 수 없습니다. 비교하고 선택하고, 때로는 실수도 해보고 교체도 하면서 차곡차곡 꾸며가는 것이 정말로 좋은 기운을 가진 공간을 만드는 방법이라고 저는 강력히 주장합니다.

나만을 위한 공간 만들기

질문을 하나 더 해볼까 합니다. 집 설계에 대해 어느 정도 구상이 끝난 상태라고 가정합시다. 이제 그 안에 있는 공간 하나를 꾸며보는 거예요. 그 공간은 온전히 나를 위한 공간이어야 합니다. 그 공간에서 무엇을 하고 싶은지 얘기를 들어보고 싶습니다. 우선 공간의 구체적인 모습을 떠올려보세요. 조명이 환한지 어두운지, 내부의 마감을 어떻게 할지, 이런 부분들을 시작으로 내부의 이미지를 한번 떠올려볼까요. 중요한 것은 가족을 위해서가 아니라 나를 위한 공간이라는 점입니다. 나만을 위해서 쓴다고 했을 때 거기서 무엇을 하고 싶은지 생각해보는 것입니다. 적어볼까요?

지하의 개인 바(bar), 악기 연주를 할 수 있도록 방음이 잘되는 방, 책으로 가득한 공간, 명상하는 공간, 혼자서 생각도 하고 컴퓨터도 하고 운동도 할 수 있는 방. 다양한 답변이 나왔습니다. 사실 이 질문을 던진 건, 이와 같은 개인의 공간을 집 안에서 어떻게 찾을까 생각해보기 위함입니다.

229페이지의 그림은 그 유명한 반포 자이의 90평형 아파트 평면도입니다. 그리고 평면도 옆에 각 공간의 목적과 용도를 써봤습니다. 침실 1, 침실 2, 침실 3, 서재, 파우더룸, 실외기실, 거실, 전실,

공용욕실, 주방, 식당, 현관 등등. 이렇게 거의 30개에 가까운 방이 있습니다. 여기서 한번 생각을 해보죠. 방금 여러분이 떠올린 개인 공간들이 있잖아요. 그런데 여기 어디에도 그런 공간을 집어넣을 수 있는 여유가 보이지 않습니다. 물론 방 하나를 비워서 하면 되겠지만, 결국 침실을 다른 용도로 변경한다는 것밖에 안 되죠. 그런데 내가 명상에 잠기고 싶을 때나 기도를 하고 싶을 때, 또는 악기 연주를 하고 싶을 때나 아무것도 안 하고 가만히 쉬고 싶을 때, 과연 침실 3이 어울릴까요? 명상이나 기도를 할 만한 분위기가 잡히지 않습니다. 우선 방의 크기가 명상을 하기에 너무 넓고 거실의 소리가 다 들릴 겁니다.

　단독주택은 체감 면적이 아파트에 비해 20% 정도 더 넓습니다. 만약 70평짜리 단독주택을 지으면 체감 면적으로는 반포 자이 90평과 맞먹는 셈입니다. 이런 꽤 큰 규모의 집을 짓기 위해서 여러분이 건축가와 만나서 이야기를 시작하겠죠. 실내 공간에 어떤 방들이 들어가면 좋을지 하나하나 만들어갈 겁니다. 우리는 침실이 몇 개가 필요하고, 화장실이 몇 개가 필요하고, 주방과 식당이 어떤 식으로 되어 있어야 하고, 이러한 각각의 프로그램을 결정하는 데 상당한 시간이 소요됩니다. 어떤 집을 설계한다는 것은 결국은 그 집에 들어갈 방의 용도와 기능을 채워 넣는 일입니다.

　제가 여기 잘 지었다는 집들의 평면도를 가져와 봤습니다. 그

반포 자이 아파트의 평면도.

조성익 교수

런데 공간의 구성만 조금씩 다를 뿐, 방의 용도는 반포 자이 90평형과 크게 다르지 않습니다. 똑같이 침실 1, 침실 2의 나열입니다. 명상할 수 있는 공간은 물론이고 음악을 할 수 있는 공간도 없어요. 아파트와 다름없는 공간들만 이 집의 평면도를 채우고 있습니다.

 무용의 집, 무용의 공간

'무용의 집'이 뭐냐면요. 무용(舞踊)을 하는 집이 아니라 용도가 없는 무용(無用)의 집을 말합니다. 이 얘기를 좀 해볼게요. 실은 터무니없는 얘기죠. 집을 왜 용도 없이 짓나요. 다 필요가 있어서 집을 짓는 거 아니겠어요. 그 안에서 뭔가 해보려고 집을 짓는 것이니까요. 아무것도 안 하려고 짓는 집은 이 세상에 없겠죠. 그런데 옛날에는 좀 있었어요. 옛날 좀 사시는 양반들은요, 일단 자기가 살 집을 짓고 나면, 이리저리 놀러다니다가 경치가 좋은 곳에 용도가 전혀 없는 집을 지었습니다.

우리가 정자라고 부르는 집이죠. 지금 보이는 것은 담양 소쇄원에 있는 방 한 칸짜리의 아주 작은 집입니다. 바람을 막을 수 있는 벽만 두른 작은 방이라는 표현이 적절하죠. 작은 방 한 칸과 용

담양 소쇄원에 있는 광풍각.

도를 알 수 없는 대청마루를 사방에 둘러놨어요. 소쇄원에 있는 이 정자의 용도는 뭐라고 해야 할까요? 무슨 용도로 지은 집일까요? 아무것도 안 하는 게 용도일까요? 네, 휴식을 취하려고 지은 것이죠. 친구들 불러서 술도 마셨을 것 같고요. 술맛 나게 생겼죠?

이렇게, 용도가 불분명한, 무용의 집은 모든 용도를 해결해주는 집이기도 합니다. 그 시대 양반의 삶에 한정된 일이었겠지만, 집을 단순히 용도와 기능의 차원을 넘어 짓기도 했죠.

아까의 질문으로 다시 돌아가보죠. 이제 여러분이 지을 집의 평면도에 무용의 공간 혹은 아직 쓸모가 정해지지 않은 공간을 하나 넣는다고 생각해봅시다. 벌써, '거기서 뭘 해야 되나' 하는 생각이 들죠. 사실 건축가들이 약간의 여유 공간을 남겨놓고 거기에서 무엇을 하고 싶은지 질문하면 대부분 이렇게 대답합니다. "서재 만들어달라", "음악실 만들어달라", "개인 바 만들어달라". 그런데 앞서 말한 무용의 집이라는 측면에서 생각해보면, 이 또한 뭔가를 하려는 강박인 거예요. 기껏 무용의 공간을 만들어놓고 또 용도를 집어넣는 겁니다. 우리는 공간에 뭔가 프로그램을 집어넣지 않으면 직성이 안 풀리는 거예요.

그냥 도면의 방 하나에 '없을 무(無)'자를 써놓아야 하는데, 그것을 도저히 못 참는 거죠. '내가 이렇게 비싼 돈 주고 집을 짓는데 용도가 결정되지 않은 공간을 만드는 게 말이 돼?' 또는 '뭘 안 하려고 공간을 만드는 게 말이 돼?'라고 생각하는 겁니다. 그럼 이제 바를 어떻게 설계할지 술병을 몇 개 두면 좋을지 또는 색소폰을 연주하려면 방음을 어떻게 해야 할지, 방 크기는 얼마면 좋을지, 이런 고민이 시작됩니다. 쓸모와 용도가 정해지지 않은 공간이면 그런 걱정을 애초에 할 필요가 없죠.

도대체 무용의 공간에서 우리는 뭘 해야 될까요? 우리는 그 안에서 뭘 할지를 상상해보지 않고서는 평면도를 그릴 수 없거든요. 우리는 새 집에서 하고 싶은 것도 많고, 욕심도 많으니까요. 자, 그러면 뭘 해야 좋을까요? 평면도에 뭐라고 쓰면 좋을까요?

또 옛날 사람들에게 지혜를 구해볼게요. 이게 고사관수도(高士觀水圖)라는 그림입니다. 미술책에 많이 나오죠. 강희안이 그린 그림인데요. 이번 기회에 자세히 그림을 봐볼까요. 저 할아버지가 저기서 뭘 하고 있는지 말이죠. 그런데 정말 아무것도 안 하고 있습니다. 관수(觀水)가 뭐냐, 말 그대로 '물 바라보기'입니다. 그냥 물을 쳐다보는 거예요. 이게 지금 저 사람

조선 전기의 문신 강희안의 고사관수도.

이 하는 일이고요.

만약에 우리가 약간 미친 척하고 평면도에 '관수', 이렇게 쓰면 물을 보는 방 또는 물을 바라보는 마당을 만들 수 있을까요. 좀 엉뚱한 생각이죠. 그런데 실제로 당시의 양반들은 공부하고 밥 먹고 하는 일 외에는 달리 할 일이 없었죠. 노동을 할 필요가 없었으니까요. 회사를 다니는 것도 아니고요. 우리가 시간만 나면 핸드폰 들여다보고 텔레비전 보듯이 이 사람들도 뭔가 볼 것이 필요했겠죠. 그래서 물에 비친 풍경이나 계절이 변하는 모습을 보면서 시간을 보냈던 거예요.

무용의 공간에서 뭘 해야 하나, 벌써 안달이 날 여러분을 위해 몇 가지 힌트를 드려볼게요.

완상(玩賞)이라는 말이 있습니다. 영어로는 그 의미를 완전히 옮기기 어려운데요. 'Appreciation'이 그나마 의미가 가깝습니다. 평가한다는 의미도 있지만요. 무언가에 대해서 깊이 고민해서 그 실체가 무엇인지 '생각해보다'라는 의미가 있습니다. 옆에 사진은 유명한 교토의 료안지(龍安寺)라는 곳입니다. 여기에 가면, 돌이 깔려 있고 조그만 돌 몇 개가 놓여 있는 마당이 있습니다. 저기 마루에 앉으면 놀랍게도 장난 많은 어린 아이들조차 지긋이 마당을 바라봅니다. 참 신기한 일이죠. 누가 가르쳐주지 않았는데요. 어른들은 그럴 수 있다고 쳐요. 머리가 복잡하고 스트레스를 많이 받기 때

료안지. ⓒTanwa Kankang/shutterstock.com

문에 저런 비어 있는 공간을 보면 마음이 편안해지고 고민이 해소되는 기분을 느끼죠. 그런데 어린아이들도 저기에 앉으면 별말 없이 가만히 앉아 있습니다.

완상이란 이런 겁니다. 눈에 보이는 것을 갖고 놀 듯이, 그것의 본질을 생각해보는 거예요. 우리가 여간해서는 하지 않는 일 중 하나죠. 우리가 언제 본질을 생각해볼 일이 있겠어요. 그런데 이렇게 완상할 대상을 집 안에 또는 집 주변에 두고 살면 어떨까요. 집과 그 안에서의 생활이 다를 겁니다.

다음 단어는 '피정(避靜)'입니다. 천주교 신자에게는 아주 익숙한 단어인데요. 영어로는 'Retreat'인데요. 해석이 정확하다고 보긴 힘듭니다. 어딘가 고요한 곳으로 나 자신을 도피시키는 일, 그리고 그 안에 스스로 나를 가둔다는 의미입니다. 속세를 떠난다는 거죠. 그런데 속세를 떠난다는 개념이 진짜로 종교에 귀의한다는 의미는 아니고요. 일상생활에서 벗어나 어디론가 들어가서 아침 일찍 일어나고 사색을 하고 마당도 쓸고 정리정돈을 하고 최소한의 물건들로 살아간다, 이런 의미라고 볼 수 있습니다. 어떻게 보면 요즘 유행하는 미니멀 라이프(minimal life)와 통하는 지점이 있죠.

우리가 지으려고 하는 새로운 집이 이런 역할을 해줄 수 있을까요? 앞서 본 반포 자이 아파트 90평형은 해주기 힘든 일입니다. 그 엄청난 가격을 지불하고도 살 수 없는 게 이런 것들이에요. 아파트에서는 정신적 안식을 주는 공간을 찾기가 참 힘듭니다. 대부분의 평면이 거실을 중심으로 빽빽한 포도송이처럼 기능적인 배치를 취하고 있기 때문입니다. 고요함, 적요함, 나만의 영역감을 느끼기 힘들죠. 그래서 이런 느낌이 더 귀하고 비싼 겁니다. 용도와 기능에 대한 접근만으로는 성취해낼 수 없는 집의 가치입니다.

 여지가 있는 공간을 만들자

제가 좋아하는 말이 하나 있는데요. 여지(餘地)라는 말입니다. 여지는 '남을 여'에 '땅 지'를 씁니다. 땅을 남긴다는 의미예요. 일부러요. 땅은 비싸고 아주 중요한 물건이죠. 그런데 한 평이라도 아껴서 알차게 사용해야 하는 땅을 일부러 남긴 다음 그냥 둔다는 거예요. 일종의 낭비를 한다는 거죠. 그런 어리석은 짓을 하기를 제가 감히 여러분에게 권합니다. 여러분이 새로 지을 집 내부 공간 중 어딘가 한 부분은 용도를 정해놓지 않고 여지를 남겨두는 겁니다. 그리고 "나중에 한번 생각해보자"라고 말하는 거죠. 건축가와 이런 대화를 만약에 나눌 수 있다면, 아주 세련되고 수준 높은 집에 대한 계획을 하는 것이라 생각합니다. '거기서 뭘 할까?'는 나중에 정하는 겁니

무지 허트.

다. 거기서 뭘 해야겠다, 미리 결정해놓지 말고요. 아주 작은 공간이라도 좋습니다. 나중에 그 공간에서는 재미있는 일이 일어날 거예요. 예를 들어서요. 침실 옆에 작게 방을 하나 만들어서 아무런 기능이 없는 여지로 두는 거예요. 아주 작게요. 실내장식도 필요 없습니다. 정말로 기본적이고 최소한의 요소만 갖춘 방이죠. 가로 1.5m, 세로 1.5m, 작은 창, 그리고 바깥에 보이는 정원의 나무, 이 정도면 충분합니다.

문향(聞香)이라는 말이 있어요. '들을 문' 자를 쓰는데요. 옛날에는 향을 듣는다고 표현했습니다. 향을 맡는 게 아니라요. 향을 한 자루 피워놓고 하루를 반추해보는 일을 실제로 오래지 않은 과거에 우리의 조상들이 했습니다. 그런 여유가 있었던 거죠. 물론 좋은 와인으로 채워 넣는 방도 필요하겠지만요, 향을 한 자루 피울 수 있는 작은 방이 있다면, 크고 화려한 집에서 누릴 수 없는 일을 여러분은 누릴 수 있다고 생각합니다.

제가 무용의 공간, 여지가 있는 집을 오래전부터 주장해왔는데, 아쉽게도 제가 몇 번 해보기도 전에 이런 집이 실제로 생겼습니다. 어떻게 알았는지 일본 사람들이 했네요. 무지(MUJI)라는 회사에서 판매하는 작은 집인데요. 집 안에는 화장실도 없고 아무 기능이 없어요. 집으로써의 기능을 하지 못합니다. 요리를 할 수도 없죠. 정말, 무용의 집입니다. 아무 짝에도 쓸모가 없는 집입니다. 저런 게 과연 팔릴까요? 팔립니다.

이 집을 구입한 사람들을 보면 제대로 된 집을 기껏 멋있게 지어놓고 마당 한 귀퉁이에 저 집을 또 놓아둡니다. 그리고 저기 가서 가만히 앉아 있는 거예요. 그럴 거면 진작 새집에 저런 공간을 두면 되었잖아요? 그런 용도로 저런 집을 판매를 하고 있습니다. 실은 우리보다 조금 먼저 일본 사람들이 집의 라이프스타일적 측면, 나아가 우리가 어떤 집에서 어떻게 살아가야 될까 하는 고민을 하게 됐는데요. 그 사람들도 지금 여러분처럼 새로운 단독주택의 모형을 열심히 공부하고 짓던 시기가 있었어요. 1980~90년대였습니다. 통근 시간이 길어지는 한이 있더라도, 획일화된 아파트를 떠나서 내 집을 짓기 시작한 겁니다. 작은 땅이지만 그 위에 어떻게든 내 가족과 나를 위한 집을 짓겠다고 생각한 거죠. 그러한 과정에서 다양한 실험이 일어났었죠.

용도, 기능, 필요에 맞춰서 효율적이고 알차게 집을 지었는데, '이런 것들이 집의 전부가 아니구나' 하고 깨닫게 된 것일 거예요. 용도와 기능으로 다 채웠는데 그곳으로부터 또 벗어나고 싶은 생각은 왜 들까? 또는 실컷 내 꿈대로 우리 가족을 위한 성채를 지었다고 생각했는데, '나만을 위해 한 채 더 지어야겠네' 하고 생각이 드는 이유는 뭘까?

이게 무슨 얘기일까요. 안타깝게도 지금 여러분이 꿈꾸는 집은 침실, 화장실, 거실, 주방, 보조 주방, 보조의 보조 주방 등 온갖 기능으로 빼곡하게 채워져 있습니다. 그런데 정작 우리가 단독주택을 짓고 싶어 하는 핵심적인 이유가 뭘까요? 획일화되지 않은, 온전히 나를 위한 공간을 가져보는 것, 이거 아닌가요. 기능을 채우느라, 여유와 여지가 있는 공간에 대한 욕구를 잊고 있는 게 아닌가 생각합니다.

단독주택이 가진 진정한 특권을 발견하라

단독주택 특권. 이런 말 들어보셨죠. 천장 높이를 마음대로 할 수 있다, 방의 배치를 마음대로 할 수 있다, 거실을 2층에 두고, 마당을 갖고, 옥상 정원을 가질 수 있다, 이런 걸 두고 단독주택의 특권이라고 얘기합니다. 듣기만 해도 좋은 얘기입니다. 단독주택의 특권이란 결국에는 아파트보다 나은 점이 무엇이냐일 겁니다. 아파트에서는 우리가 가지지 못했던 것이 무엇인지 묻고 있는 건데요.

저는 건축가로서 다음의 한 가지를 특권의 리스트에 추가했으면 합니다. 아무리 작아도 좋으니까 여유 공간을 만들어 달라고 건축가에게 요구하는 특권 말입니다. 예를 들어볼까요. 작은 방 하나는 마당에 심은 나무가 잘 보이게 창이나 뚫어두고 빈 공간으로 남기는 겁니다. 이렇게 얘기할 수 있는 여유, 이런 작은 여유가 여러분의 공간을 훨씬 우아하게 해줄 겁니다. 그런 요청을 하기 위해 구체적인 설계 포인트를 알아야 하겠죠.

첫 번째, 공간을 너무 크게 나누지 않는 겁니다. 침실을 크게 만드는 대신, 잠자리 공간을 작게 만들고 작은 방을 침실 근처에 붙이는 것도 좋습니다. 작은 공간들을 많이 만들고 큰 공간을 지양하는 계획을 짜보는 겁니다. 저는 '구석 공간'이라고 자주 표현하는데요. 침실의 모습을 한번 그려볼까요. 문을 열면 전실이 약간 있고 침대가 있는 공간이 있습니다. 그리고 드레스룸과 좀 더 안쪽에 욕실이 있잖아요. 여기서 침대가 놓이는 공간을 조금 줄이는 겁니다. 대신에 침실에서 바깥이 가장 잘 보이는 위치에 아주 아늑하고 천장이 낮은 방을 하나 추가해보는 겁니다.

두 번째. 그 작은 공간에 아무 용도를 정하지 마세요. 나중에 어떻게 되나 한번 지켜보는 겁니다. 반포 자이 아파트처럼 침실 1, 침실 2, 거실, 주방, 이렇게 기능을 중심으로 이름을 붙이지 마세요. 차라리 이 공간을 하나의 사람으로 보고 이름을 하나 짓는 겁니다. 다른 방은 제쳐두더라도 그 방은 하나의 인격체로 보고 이름을 붙이는 거죠. 밤나무의 방, 문향의 방, 바람 쐬는 방, 이렇게도 좋고요. 좀 더 멋지게, '청간정(淸澗亭)' 같은 이름을 따오는 것도 좋습니다. 여행을 다니면서 본 아름다운 집들의 이름을요. 그리고 일단 살면서 기다려보는 거예요. 1년 후에 어떤 방이 되는지 지켜보는 겁니다.

세 번째는 너무 꼼꼼하게 계획하지 말라는 겁니다. '10cm도 낭비하지 않겠어' '효율이 높은 집을 짓겠어'. 이렇게 생각하지 않는 겁니다. 딱 필요한 만큼만 공간을 배분한 다음 나머지 부분에는 여유를 주기를 권합니다. 비워두는 거죠. 실제로 저희가 설계한 한 집의 경우인데요. 주방 바로 옆에 아주 작은 방을 만들었습니다. 그 안에 들어가는 책꽂이가 아주 작은데요. 요리책 몇 권만 딱 꽂아두고 음식 생각을 하는 방이 되었습니다.

이런 생각을 한 이유는, 대개의 집을 보면, 전업주부가 막상 자기 공간이 전혀 없습니다. 전업주부는 집에서 보내는 시간이 많아서 모든 집의 공간이 다 내 거라고 할 수 있지만, 막상 '여기가 딱 내 공간이야' 하고 영역감을 온전히 느낄 수 있는 부분이 부족합니다. 내가 좋아하는 꽃 한 송이를 꽂아놓고 책 한 권을 읽을 수 있는 공간을 나중에라도 마련할 수 있게 비워둠을 생각해봤으면 좋겠습니다.

전형적인 한국 아파트의 거실.

공간을 구성하는 요소
: 조명

지금까지 공간과 방을 설계하는 방법, 생각하는 방법에 대해 설명했는데요. 이제 좀 더 세부적으로 들어가서 공간을 구성하는 요소에 대한 이야기를 해볼까 합니다. 조명 얘기부터 하죠.

조명은 사실 쉽지 않은 요소입니다. 집 다 짓고 나서, 마감도 잘 하고 가구도 좋은 것으로 갖다놓았는데 막상 들어가보면 집 분위기가 좋지 않다거나 사진을 찍으면 이상하게 나오는 경우가 있습니다. '내가 잡지에서 봤던 느낌이랑 다른데' 하고 생각하게 되죠. 만약 그렇다면, 십중팔구 조명 때문입니다.

조명의 목적은 밤을 환하게 비추기 위함입니다. 그렇게만 생각하기가 쉽죠? 사실 조명은 생각보다 많은 기능을 합니다. 공간을 나누고, 공간에 액센트(accent)를 주며, 바깥에서 보이는 집의 외관을 좌우하기도 합니다. 조명의 다양한 역할과 기능, 공간을 살리는 조명이 무엇인지 한번 알아보겠습니다. 기술적인 이야기보다 조명에 대해 제가 갖고 있는 생각과 건축가가 조명에 대해 어떤 생각을 하고 있는지를 이야기하려고 합니다. 많은 건축주들이 조명에서 놓치는 부분에 대해 얘기를 드리겠습니다.

앞에 있는 사진처럼, 이게 보통의 거실 모습입니다. 일반적인 아파트의 모습이죠. 주방에서 바라본 거실의 모습인데요. 한쪽에 텔레비전이 있고 반대편에 소파가 있습니다. 그리고 화병과 에어컨이 있습니다. 여기에 조명은 어디에 있나요? 천장에 있습니다. 천장 한가운데 있어요. 왜 여기에 달려 있을까요. 천장에 조명을 다는 것은 최소한의 조명으로 효율이 좋도록 할 때 쓰는 방법입니다. 우선 천장에 조명을 달아야 집이 밝아지겠죠. 그리고 한가운데 달아야 어디나 밝아지겠죠. 가장 효율적으로 균일하게 밝게 만들고 싶을 때 사용하는 방법이에요.

그럼 집에 왜 이런 조명을 쓸까요? 여러분이 사는 아파트에는

도쿄 와이어드 호텔의 내부.

왜 전부 이런 조명이 달려 있을까요? 아파트는 판매를 하는 하나의 상품입니다. 그리고 불특정 다수의 가족이 들어가서 쓰는 곳입니다. 건설사 입장에서 왜 굳이 모험을 하겠어요. 개개인의 개성을 존중할 리 없잖아요. 가장 일반화된 여러분의 모델을 만들어놓은 다음, 그 사람이 뭘 하는지는 묻지도 않고 돈이 가장 덜 드는 방법으로 조명을 설치할 것입니다. 비용을 가장 적게 쓸 수 있는 조명 방식이기 때문에, 천장 한가운데에 조명을 다는 겁니다.

앞의 사진은 제가 방문했던 도쿄의 와이어드 호텔의 모습이에요. 이곳의 조명을 한번 볼까요. 아파트의 조명과 어떤 점이 다른가요? 쉽게 생각해봅시다. 일단 어둡죠? 조명의 빛이 공간 전체를 비추는 게 아니라 벽 부분에 집중되어 있습니다. 특정 부분만 밝고 나머지 부분은 어둡죠. 또 조명을 천장 안쪽으로 집어넣어서 광원이 보이지 않습니다. 이러다 보니 실제로 밝아지는 부분은 광원이 있는 근처가 아니라, 바닥입니다. 아파트 천장의 조명은 광원이 사방에서 보이잖아요. 그래서 공간 전체가 밝아지는 겁니다. 마치 우리가 있는 이 강의실처럼요. 그런데 이 호텔은 의도적으로 내 발이 닿는 바닥 부분이나 구석의 벽을 밝힙니다.

천장 한가운데에 조명을 두고 밝히는 게 아니라 간접 조명을 은은하게 쓰고 있습니다. 그리고 침대 밑에 조명을 넣어서 내 발 부분을 밝히고 있죠. 대부분의 호텔은, 우리가 일반적으로 알고 있는 집과 다른 조명 방식을 쓰고 있는데요. 뭔가 어두침침하고, 전체적으로 밝히는 게 아니라 부분적으로 밝히고요. 빛이 내 눈 위쪽이 아니라 내 눈 아래쪽을 밝히는 방법을 쓰고 있어요. 왜 이렇게 할까요? 단도직입적으로 말해, 잠을 잘 자기 위해서입니다. 그럼 저렇게 하면 잠을 잘 자느냐? 그러면 우리 아파트는 왜 안 그러느냐, 이런 의문이 생기죠. 차근차근 설명을 해볼게요.

인류의 역사를 한번 볼까요? 4백만 년 전에 유인원이 나타났습니다. 그다음에 진화를 해오다가 고작 8만 년 전에 지금의 인간과 비슷한 유인원이 나타나죠. 그리고 인류가 실제로 시작돼서 역사를 만든 건 대략 6천년 전이고요. 에디슨이 전구를 발명한 것은 140년 전입니다.

그러니까, 우리가 인공 조명을 쓴 기간은 인류사 전체를 봤을 때 아주 짧은 기간에 불과합니다. 즉 우리의 조상들이 우리에게 물려준 DNA 속에 인식되어 있는 조명이란, 자연광입니다. 인공 조명이 아니라요. 우리의 몸속에는 자연광이 곧 빛이라는 생각이 들어 있어요. 인간이라면 본능적으로 자연광과 인공광을 쉽게 구분할 수 있어요. 지금 여기 강의실 분위기가 창밖보다 약간 우울하죠. 잠도 오고요. 제 수업이 재미없기 때문이 아닙니다.

왜일까요? 우리가 인공의 빛을 써온 게 기껏해야 140년밖에 안 됐어요. 고작 몇 세대 정도 오면서 우리가 인공광이라는 것으로 받아들이게 됐고요. 집을 대낮처럼 밝히게 된 것은, 불과 한 세대 전 정도부터예요. 40년 전만 해도 누가 언제 이렇게 환하게 불 켜놓고 살았어요? 다 어둡게 하고 살았죠.

사실 우리는 이런 인공의 빛에 익숙한 동물이 아니에요. 결론부터 말하자면, 우리가 쓰는 조명은 자연광을 흉내내야 한다는 겁니다. 우리가 인공광을 어색해하는 감각을 가지고 있다면, 인공 조명도 자연광이 가진 느낌을 내야 한다는 겁니다. 빛이 가진 따뜻한 느낌을 내는 것은 이제 기술적으로 충분히 가능해졌지만요. 그런데 사실 가장 흉내내기 어려운 부분은, 시간에 따른 빛의 변화입니다.

시간에 따른 빛의 변화라는 게 무슨 얘기일까요? 아주 옛날로 다시 돌아가볼게요. 제가 동굴에서 자고 있습니다. 그 동굴은 동쪽으로 입구가 나 있습니다. 동쪽에서 해가 떠오르기 때문이죠. 아침이 되면 동굴로 들어오는 햇빛으로 내부가 환해지면서 깨어나게 되죠. 날이 밝았으니 사냥을 하러 나갈 준비를 해야겠죠. 장비를 챙기고 이런저런 준비를 하고 사냥을 나왔습니다. 200m 거리에 있는 목표물에 활을 쏴야 하는데, 그때 자연의 조명은 활을 쏘기에 가장 좋은 상황을 만들어줍니다. 원시인의 정수리 위에 태양이라는 조명이 설치가 돼요. 정오의 태양빛이죠. 내 그림자는 짧아져서 동물이 알아차리기 힘들어지고요. 그 빛을 이용해서 사냥에 성공합니다. 그럼 이제 사냥감을 끌고 집으로 가야 돼요. 집으로 걸어가면 제 등 뒤로 해가 지면서 석양이 비춥니다. 제 발밑까지 빛이 내려오고요. 그림자가 길게 드리우면서 집으로 가는 방향을 알려줘요. 그렇게 동굴에 무사히 도착합니다. 이렇게 여러분과 저의 조상들이 수십만 년을 살았어요. 우리는 그들의 자손이고요.

그런데 여러분이 아파트를 분양받은 다음 집에 들어갔더니, 현대건설과 삼성건설은 어떻게 해놓았을까요. 정오의 태양빛을 흉내 내어 모든 방에 일괄적으로 설치해놓는 거예요. 침실이고 주방이고 공부방이고 간에 다 원시인들이 12시에 사냥하던 때의 햇빛을 그대로 재현해놓았습니다. 그럼 무슨 일이 일어날까요. 시간 관념이 없어지는 거죠. 텔레비전도 더 봐야 될 것 같고, 아직 치킨도 시켜 먹어야 될 것 같고, 거실에서 맥주도 한잔 더 해야 될 것 같고요. 밤 10시, 11시가 되었는데 빛은 정오의 태양빛을 흉내내고 있는 거예요. 여러분의 불면증도 조명 탓일 겁니다.

그런데 좀 전에 얘기했듯이, 자연의 빛처럼 시간에 따른 세기와 높이의 변화는 기술적으로 만들어내기가 너무 어렵습니다. 저의 얘기에 전적으로 공감한다고 한들 여러분이 새로 집을 지었을 때, 어떻게 해야 할지 명쾌한 아이디어가 떠오르지 않죠. 조명을 움직이게 할 수도 없고요. 그럼 어떻게 해야 할까요.

여러분이 집을 어느 시간에 쓰는지 한번 따져볼게요. 저녁 7시쯤 회사나 학교에서 집으로 돌아옵니다. 그다음에 저녁을 먹고 여유 시간을 좀 갖다가 잠을 자고 아침에 밖으로 나가죠. 사실 우리는 하루 중 절반 남짓의 시간을 보내기 위해 집을 짓는 거예요. 대부분은 잠자며 보내고요. 이 시간이 집 사용의 피크 타임(peak time)인 거죠.

호텔이 어두침침하고 약한 조명을 쓰는 이유를 생각해볼까요. 우리가 호텔을 어떻게 이용하는지 한번 보죠. 체크인 시간은 대략 오후 5~6시입니다. 체크인을 하고 저녁을 먹으러 나갔다가 다시 돌아옵니다. 그럼 잠을 자겠죠. 그리고 다음날 아침에 일어나서 조식을 먹고 체크아웃을 합니다. 호텔의 조명은 이 시간에 나타나는 자연의 조명을 흉내낸 겁니다. 이 시간의 태양을 보면 희미해져 있거나 낮게 깔려 있죠.

사실 여러분의 집도 호텔의 사이클과 다르지 않습니다. 자, 이제 여러분의 집을 위한 조명 계획을 어떻게 해야 할까요. 답이 어느 정도 나왔죠? 적어도 현재의 아파트와 같은 방식은 절대 아닐 겁니다. 언제나 환하고 밝게 같은 시간을 가리키는 천장 한가운데의 조명이 아니라, 오후 6시의 태양 또는 아침 6시의 태양, 밤 12시의 달빛 같은 조명이 필요합니다.

설계를 위한 포인트를 짚어보죠. 크게 세 가지 정도를 시도해보면 좋겠어요. 우선 높이가 낮은 조명입니다. 방바닥과 발 높이 정도 높이의 조명 기구를 설치해보는 겁니다. 다음은 부분 조명입니다. 우리 집 전체를 대낮으로 만드는 조명이 아니라 내가 사놓은 그림, 내가 책을 읽는 책상, 차를 마시는 식탁, 이렇게 작은 부분들을 비추는 조명을 계획해보세요. 마지막으로 조도가 낮은 조명입니다. 저녁의 햇빛, 새벽의 햇빛처럼 희미한 빛을 보여주는 조명을 사용하는 겁니다. 요즘에는 디머(dimmer)라고 해서 조도를 조절할 수 있는 조절장치가 잘 개발되어 있습니다. 그리고 한 가지 더 꼽자면, 방향을 바꿀 수 있는 조명기구도 많으니 사용을 권합니다. 사실 이 전체를 한 번에 시도하는 건 쉽지 않은 일이지만, 이런 다양한 도구의 도움을 받아서 내 집 안에 자연의 빛을 들여오는 시도를 해봤으면 좋겠습니다.

 공간을 구성하는 요소 : 창문

창문을 잘못 써서 내부 공간의 좋은 느낌이 저하되는 경우가 많습니다. 반대로 창문을 잘 써서 멋진 집이 되기도 하죠.

창문은 공장에서 만들어져 나온 완성된 제품입니다. 물론 집을 이루는 것들이 모두 제품이겠지만, 현장에서 조립하고 변형할 수 있는 가능성이 있는 제품에 비해, 창문은 마치 완성된 시판 자동차처럼, 유리와 테두리가 하나의 완제품으로 나옵니다.

따라서 창문의 디자인에 건축주와 건축가가 개입할 수 있는 여지가 많지 않습니다. 여러분이 외국의 좋은 호텔에 있는 넓은 창, 경치가 한 폭의 그림처럼 보이는 창을 내 집에도 원한다고 해볼까요. 하지만 그대로 구현하기는 쉽지 않습니다. 그런 모양을 완제품으로 만드는 회사가 많지 않기 때문이죠. 그리고 자동차 튜닝하듯이 나중에 모양을 바꾸기도 쉽지 않습니다. 제조사에서 수리나 보증을 거부하기 때문입니다. 이런저런 이유로 창문을 멋지게 집꾸밈의 요소로 적극 사용한 예를 찾아보기 어렵습니다.

이런 실정이다 보니, 집에 창문을 설치하고 난 뒤 창문틀이 생각보다 둔탁해 보인다든가, 집의 분위기와 창문틀 색깔이 안 맞아서 후회하는 경우가 종종 생깁니다. 후회해도 이미 설치된 창문틀에다가 다시 페인트를 칠할 수 없어요. 그래서 처음부터 선택을 잘해야 하고, 관심을 갖고 꼼꼼하게 따져봐야 하는 부분입니다.

몇 가지 창문을 선택하는 기준을 말씀드리면, 다음과 같습니다. 우선, 창문의 가장 기본적인 기능, 밖의 풍경을 내부에서 바라본다, 여기에 적합하려면 걸리적거리는 창문틀이 얇을수록 좋겠죠. 햇빛을 받아들이는 채광의 기능에도 유리하고요. 다만, 환기와 단열의 기능을 생각하면 프레임과 유리는 둔탁해집니다. 방범의 기능도 창문이 담당해야 하는데, 그러려면 열리는 창문의 크기와 열리는 방식을 신중하게 고려해야 합니다. 잊기 쉬운 것은 창문의 방충 기능입니다. 이걸 나중에 추가하게 되면 아름다운 풍경을 바라보는 창문에 방충망이 딱 가로막게 되죠.

이렇게 창문의 기능과 구성은 의외로 다양하고 복잡합니다. 그래서 기능이 상충되는 경우가 생기고요. 가령 바깥 풍경이 잘 보이는 창문을 설치한 후, 그 앞에 테이블을 놓고 앉았는데, 창문틀이 딱 내 눈높이에 있어서 밖을 바라보는 데 방해가 되는 경우가 있어요. 비일비재하게 일어나는 일입니다. 그래서 각 위치와 역할을 정확히 정해두고 그에 맞게 창문을 쓰는 게 중요합니다.

또한 창문의 중요한 기능 중 하나가 프라이버시 기능입니다. 신도시의 주택단지를 가보면 집과 집 사이의 거리가 불과 2~3m 내외입니다. 창밖을 보면 옆집에서 배 내놓고 맥주 마시는 이웃사람이 다 보이죠. 우리 집도 그쪽에서 보일 거고요. 이런 경우에 많은 집들이 창문을 반사되는 재질로 하거나 색깔을 넣습니다. 그러면 밖의 풍경을 보는 창문의 기능이 제약을 받죠. 다른 사람의 시선은 가리면서 내 시야는 확보되는 창문을 계획해야 합니다.

제가 디자인한 집의 경우, 이런 문제를 해결하려고 외부에 뚫은 구멍에 바로 창문을 설치하는 게 아니라 1m 정도 뒤로 밀어넣은 다음 유리를 넣었습니다. 그 사이에 그림자가 드리워지면서 안에서 밖을 볼 때는 잘 보이는데, 밖에서 안을 볼 때는 잘 안 보이는 효과를 노린 것입니다.

그리고 창문이 달리면 집의 외관이 싹 바뀌는 경험을 하게 되실 거예요. 처음에 건축가가 보여준 집의 모형은 분명히 이미지가 또렷한 느낌이었는데 실제로 건물에 창문이 달리니까 뭔가 둔탁해진 것 같다, 이런 생각이 드는 경우가 많습니다. 반사 재질의 유리가 집의 이미지를 바꾸는 것이죠. 외관의 느낌을 위해 투명도와 반사도를 설계 초기에 미리 고려해봐야 합니다.

 이지 하우스와 사당 소행성 살펴보기

제가 설계한 주택을 소개하려고 합니다. 앞서 설명한 집꾸밈의 포인트와 연관해서 생각해보면 좋을 것 같습니다. 운중동에 있는 이지 하우스라는 집입니다. 이 지역은 높은 담장을 법규로 금지했습니다. 건축주는 작은 마당을 갖기를 원했는데요, 담장이 없다 보니 마당의 프라이버시를 위한 장치가 필요했습니다. 이것을 위해, 마당 앞에 열고 닫는 담장을 설치했습니다.

이 집 내부의 특징은 거실이 따로 없다는 것입니다. 집에 들어서면 일종의 접객 공간인 라운지가 있고요. 여기에는 그림을 걸고,

소파를 두고 이야기를 나눌 수 있습니다. 가족을 위한 모임 공간은 별채에 있습니다. 주로 여기에 가족들이 모여서 텔레비전을 보고 담소를 나눕니다. 거실이 두 개가 되었다고 할 수도 있는데요, 늘 고정된 형태로 거실을 만드는 방식에서 벗어난 예가 될 수 있을 겁니다.

옥상 정원이 있는데요. 옥상에 벽을 높여서 방처럼 만들었습니다. 주변 집의 옥상에서 보이는 시선을 가릴 수 있어 프라이버시가 확보된 옥상 정원을 만들 수 있었죠. 옥상을 '천장이 없는 방'이라는 생각으로 디자인했습니다.

다음은 요즘 많이들 원하시는 협소주택에 해당하는 집인데요. 사당동 소행성이라는 집입니다. 건물이 들어선 땅은 92m² 정도 되는데요. 건물은 다섯 개의 층과 옥상층으로 이루어져 있습니다. 한 층의 면적은 50m² 내외인데요. 작은 땅에 층을 여러 개 올려 가족들이 모여 사는 집 구성입니다. 삼대가 함께 사용하는 집인데요. 아래 두 층은 부모님이 쓰고, 그 위층은 부부가 삽니다.

집이 위치한 곳은 사당동 언덕인데, 다세대주택이 많이 들어선 곳입니다. 반복된 형태의 다세대주택 속에서 이 집이 동네의 활력소가 되었으면 좋겠다고 생각했습니다. 외관을 마치 계단 모양으로 독특하게 설계했습니다.

제가 단독주택에서 많이 시도하는 방법이 하나 있습니다. 모든

운중동 이지 하우스. ⓒTRU

운중동 이지 하우스. ⓒTRU

사당동의 사당 소행성. ⓒTRU

방에 작더라도 하나의 외부 공간을 주는 겁니다. 아들 방이든, 부모님 방이든, 서재든, 각각의 방에 외기(外氣)를 느낄 수 있는 작은 공간을 두는 거죠. 한 평이라도 좋으니까 바깥이 어떤 상태이고 어떻게 변화하고 있는지, 실내에서도 알도록 하는 장치를 두는 것이 단독주택에서 중요한 부분이라 생각하기 때문입니다.

물론 아파트에서도 창을 통해 밖이 보이긴 합니다만, 외부의 자연 변화, 예를 들면 바람의 변화, 날씨의 변화를 느낄 수 있는 공간을 모든 방에 두기가 쉽지 않습니다. 계절의 변화 같은 외부의 모습을 여러 공간에서 느낄 수 있는 것이 단독주택의 또 다른 특권이라고 생각했습니다. 그래서 마당에 나가지 않아도 바깥을 느낄 수 있는 공간을 두었습니다.

실패하지 않는 내 집 짓기를 위한
Check List

- ✔ 스타일보다 사용자의 특성을 먼저 생각하자.
- ✔ 집꾸미기는 한 번에 되지 않는다. 시간과 함께 차곡차곡 만들어가는 것이다.
- ✔ 용도가 없는 공간, 여지가 있는 공간을 만들어보자.
- ✔ 천장 형광등에서 탈피해보자.
- ✔ 창문을 용도와 목적에 따라 구분해보자.

조성익 교수

심영규
현재 프로젝트데이의 건축PD로 활동하고 있다. 한양대학교 건축공학과를 나와 건축전문지 「SPACE(공간)」의 기자, '건축재료 처방전' 감(GARM)의 편집장으로 일했다. 현재는 전시와 출판뿐 아니라 비즈니스 플랫폼도 함께 기획한다.

김양길
국내외 인테리어 프로젝트를 수행하다 2011년 종합건설회사인 ㈜제이아키브를 세우고 건축으로 영역을 넓혔다. 경기도 판교신도시에 주택 30여 채를 비롯해 중소 규모 70여 채를 건축 시공했다. 2014~2016년 3년 연속 한국건축가협회와 새건축사협의회가 주관하는 건축명장상을 수상했다.

이형주
경희대 영어교육과를 졸업하고 광고대행사 제일기획에서 CM플래닝 및 광고프로듀서로 근무했다. 이후 광고프러덕션 '생활의 발견'을 창립하여 현재까지 광고연출감독으로 활동하고 있다.

윤재선
윤재선 팀일오삼건축사사무소㈜ 대표는 연세대학교에서 건축공학 학사, 석사를 마치고 미국 펜실베이니아대에서 석사를 받았다. 남산건축(현재 한건축)과 미국 더힐리어그룹 설계사무소 등에서 실무를 익히고 2001년 독립했다. 2013년부터 대한건축사협회 서울국제건축영화제 집행위원장으로 건축문화 활동을 하며 문화체육관광부 장관 표창을 수상했다. 현재 건축재료 시리즈 도서 '감(GARM)'을 발행하고 있다.

유현준
하버드대학교, MIT, 연세대학교에서 건축을 공부했고 리처드 마이어 사무소에서 실무를 익혔다. 현재 홍익대학교 건축학과 교수로 재직 중이며, ㈜유현준건축사사무소를 운영하고 있다. 저서로 스테디셀러인 『도시는 무엇으로 사는가』, 『모더니즘 동서양문화의 하이브리드』 외 다수가 있다. 조선일보에 '도시 이야기' 칼럼을 연재 중이다.

조성익
서울대학교, 예일대학교 대학원를 거쳐 서울대학교 건축학과에서 박사를 받았다. 뉴욕 SOM 설계사무소에서 디자이너로 근무했다. 2010년 TRU 건축사사무소를 열고 건축의 창의적 기획 및 실행에 관한 실무와 연구를 병행하고 있다. 홍익대학교 건축학과 교수로 재직 중이다.

실패하지 않는
내 집 짓기

초판 1쇄 인쇄 2018년 2월 22일
초판 3쇄 발행 2021년 4월 1일

지은이	유현준, 조성익, 김양길, 윤재선, 심영규
발행인	윤재선
기획	프로젝트데이, 조선일보 땅집고
편집	김종오, 정신오, 정경화, 고소미
디자인	형태와내용사이
발행처	에잇애플㈜
출판등록	2017. 4. 14.(제2017-000078호)
주소	06032 서울특별시 강남구 도산대로25길 36 3층
전화	02-537-1536
팩스	02-537-1532
전자우편	csacademy00@gmail.com
홈페이지	http://csacademy.kr
ISBN	979-11-961156-9-2

- 파본이나 잘못된 책은 구입처에서 바꾸어드립니다.
- 이 책은 저작권법에 따라 보호받는 저작물이므로 무단전재와 무단복제를 금지하며, 이 책 내용의 일부 또는 전부를 이용하려면 반드시 사전에 저작권자와 출판권자의 서면 동의를 받아야 합니다.
- 책값은 뒤표지에 있습니다.

Printed in Seoul, South Korea
All rights reserved. No part of this publication may be reproduced, stored in a retrieval system, or transmitted in any form or by any means, electronic, mechanical, photocopying, recording, or otherwise, without prior consent of the publisher.

 감씨(garmSSI)는 에잇애플㈜에서 발행하는
건축재료 단행본 시리즈의 브랜드입니다.